わかる！免震建築

ーここから広がる安全・安心ー

一般社団法人 日本免震構造協会 編

わかる！免震建築　編集委員会

はじめに

1995年の阪神淡路大震災、2011年の東日本大震災、2016年の熊本地震など、日本は過去30年間に大きな震災に見舞われ、各地域に甚大な被害がもたらされました。震災後には建物の安全性がますます求められるようになり、各企業や自治体においては建物の安全性とともに事業の継続、主要機能保持の重要性・必要性が認識されてきています。そして、耐震安全性と主要機能保持性能に優れる免震構造が、大いに注目されてきていると思います。

日本免震構造協会(以後、JSSIと記します)では、1993年に発足以来、免震建築の普及を目的に、免震構造の入門書的な図書の出版を行っています。入門書的な図書のうちのひとつで代表的なものですが、2000年に、普及活動の中で多く寄せられた質問事項を整理して「Q&A形式」にまとめて「はじめての免震建築」を編集し出版しました。その後、2005年に「免震建築物に関する建設省(当時)告示」の発行を踏まえて「考え方進め方免震建築」へ、2013年に東日本大震災から得られた課題や知見を含めて「免震建築の基本がわかる本」へと改定を行ってまいりました。

さて、今回の改定ですが、JSSI内の普及委員会出版部会のメンバーに、技術委員会施工部会、維持管理委員会のメンバーが加わり、これまでより少し専門性を加えた内容で執筆・編集を行っています。最新の技術知見を網羅して、大地震から得た課題を含め、全面的な見直しをはかっています。実施例につきましては、過去10年あまりでさまざまな用途で免震建築が採用され竣工した建物を、協会賞受賞作品を中心に整理して紹介しています。本のタイトルも「わかる！免震建築－ここから広がる安全・安心－」と一新して、装いもあらたにA4版として発行します。

本書はJSSIの出版物の窓口的で、ガイダンス的な性格となっており、免震建築がどのようなものであるかをわかりやすく、具体的な写真やイラストを用いて説明しています。また、企業の企画担当者で事業持続計画上免震建築の耐震性を知りたい方、あるいは一般の建築はすでに設計しているが今後免震建築を設計したいと考えている建築家・建築構造技術者を対象に、「Q&A形式」で免震建築の全般にわたり、免震建築の原理から計画・設計・施工・さらに竣工後の維持管理まで基本的な項目が幅広く解説されています。さらに、詳しい内容を知りたい読者のためには、より専門性の高いJSSIの出版物を紹介するような構成となっています。

本書にて免震建築の基本、優れた耐震性、および魅力を理解していただき、普及の一助となって、免震建築がますます増えていくことを願っています。

2024年2月

一般社団法人日本免震構造協会

「わかる！免震建築－ここから広がる安全・安心－」編集WG

千馬一哉

目次

第1章 免震建築とは

第2章 免震建築の計画

第 3 章　免震建築の設計

第4章 免震建築の施工

第5章 免震建築の維持管理

第6章 用途別実施例

付録

索引

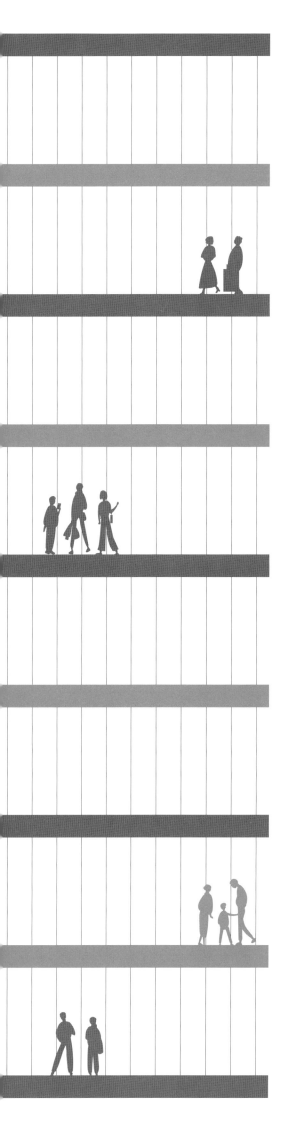

第 **1** 章

免震建築とは

1.1 免震建築とはどんな建物ですか

我が国は世界有数の地震国であり、1923年の関東地震(関東大震災)から2022年3月の福島県沖地震までに、一般的に大地震と言われているマグニチュード7.0以上の地震が35回以上も日本国内やその近海で発生しています。表1には、地震規模が大きく人的被害や住家被害も比較的大きかった主な地震を示しています。この表より、日本のどこで大地震が発生してもおかしくないことが分かると思います。大きな地震災害に見舞われるたびに、「地震の揺れを感じることがない建物があれば、このような被害に遭わなくても済むのに。」と思った人がいたに違いありません。

理想的には、地面の揺れを感知した際には、瞬時に、建物自体が宙に浮くようなことができれば、地面の揺れは建物に伝わらず、地震の被害に遭うことはないのですが、重量のある建物を瞬時に宙に浮かせることはなかなか難しい課題でした。そこで、地面(基礎)と建物の間に、何か柔らかいものや滑るものをはさんで、地震の揺れができるだけ伝わらないようにして、地震動を免れることができる建築物(免震建築)は実現できないかと、建築技術者がいろいろと研究を始めました。

このような中で免震建築に関するいろいろなアイデアが誕生し、さまざまな形で発展してきました。その結果、免震建築の基本的な形式として実現したのが、基礎免震(base isolation system)といわれるもので(図1)、建物の基礎(地面側)と上部構造を切り離し、その間に免震層を設けて、そこに免震部材を取り付ける(はさむ)構造形式です。この形式は、現在の免震建築におい

表1 関東地震以降の主な地震 1)

発生年	地震名(災害の名称)	規模	人的被害(人)	住家被害(棟)
1923	関東地震(関東大震災)	M7.9	約105,000	576,262
1948	福井地震	M7.1	3,769	40,035
1964	新潟地震	M7.5	26	2,250
1968	十勝沖地震	M7.9	52	691
1978	宮城県沖地震	M7.4	28	1,383
1995	兵庫県南部地震(阪神・淡路大震災)	M7.3	6,437	111,942
2000	鳥取県西部地震	M7.3	—	435
2003	十勝沖地震	M8.0	2	116
2004	新潟県中越地震	M6.8	68	3,175
2005	福岡県西方沖地震	M7.0	1	144
2007	能登半島地震	M6.9	1	686
2007	新潟県中越沖地震	M6.8	15	1,331
2008	岩手・宮城内陸地震	M7.2	23	30
2011	東北地方太平洋沖地震(東日本大震災)	M9.0	20,960	129,391
2016	熊本地震	M7.3	3,039	205,549
2018	北海道胆振東部地震	M6.7	825	15,978
2022	福島県沖地震	M7.4	250	49,624

・注1:表中の"M"は、"マグニチュード"を表す。
・注2:地震名は、略称または呼称も含む。
・注3:表中の人的被害(人)と住家被害(棟)については、以下を示す。
　　　人的被害(人)については、2011年までは、死者、行方不明者の総数を示し、2014年以降は、死者、重傷者、軽傷者の総数を示す。
　　　住家被害(棟)については、2011年までは、全壊、全焼、流出の総数を示し、2014年以降は、全壊、半壊、一部損傷の総数を示す。

ても大半を占めています。免震層に取り付ける免震部材には、一般的には、上部構造を支えながら地面の横揺れを伝えにくくする支承材（積層ゴム支承、すべり支承、転がり支承など）と、横揺れの揺れ幅を適度に少なくする減衰材（鋼材ダンパー、オイルダンパーなど）があります。また、両方の機能を持ち合わせている免震部材もあります。

この基礎免震建築の地震時の揺れ方としては、建物の基礎（地面側）は、地震が発生すると地面と一緒に激しく速く動きますが、免震層に柔らかいものをはさんでいるため、その免震層で激しく速い動きをかわす（受け流す）形となり、上部構造の水平方向の揺れは、地面側の揺れとは異なるゆっくりとした揺れに変わることになります。

なお、地面の上下方向の振動に対する性能については、上記の支承材は、鉛直方向には硬い性質を有しており、常に安定して上部構造を支持できるようになっているため、一般的な耐震建築と同等の性能になっています。

上記のように免震建築にすることによって、建物自体に地震動の揺れが伝わりにくくなるため、結果的には、建物内の収容物や仕上げ材、さらには設備機器などにも地震動による揺れの影響が及ばなくなり、建物全体の安全性が確保されることになります。このことが免震建築の大きな特徴です。

現在では、免震部材の開発や設計・施工技術の向上により、前述したような基礎免震の建物ばかりではなく、免震層を建物の中間階に配置した"中間層免震"の建物や、歴史的な価値を有する既存建物に免震部材を取り付けて免震化する"免震レトロフィット"なども建設されています。

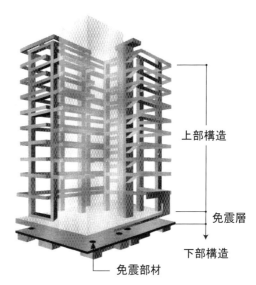

図1　基礎免震の免震建築概念図[2]

（図中ラベル）上部構造／免震層／下部構造／免震部材

＊補足1：

地震名については、地震が発生したときに、気象庁が、ある目安を元にして、大規模な地震と判断した場合に命名しています。名称の付け方は、原則として、「元号年＋地震情報に用いる地域名＋地震」とされています。たとえば、2011年に発生した地震の名称は、「平成23年（2011年）東北地方太平洋沖地震」となります。このように、気象庁が命名した名称は少々長くなるため、元号年を省略した略称で呼ばれる場合も多いです。また、気象庁が命名しなかった場合には（発生した地震が、ある目安よりも規模が小さいと判断された場合など）、マスメディアや学会などによって呼称されています。

災害の名称とは、地震などによって引き起こされた災害が比較的大きい場合に、政府が名付けた名称です。なお、政府が今までに、地震災害に対して命名したのは、表1に記載した三つだけです。

＊補足2：

基礎免震の英語表記における"isolation"とは、"絶縁、隔離"といった意味の名詞で、"isolate"とは、"切り離す、分離する、区分けする"といった意味の動詞です。また、"isolator"とは、"絶縁器、絶縁装置"といった意味の名詞になります。このことより、建物の基礎（地面側）と上部構造を切り離して免震層に設置する免震部材のうち、上部構造を支えながら地面の横揺れを伝えにくくする支承材のことを"アイソレータ"とも呼んでいます。

＊補足3：

指定建築材料では「免震材料」ですが、本書では「免震部材」と呼称しています。

参考文献

1) 気象庁HP,各種データ・資料,日本付近で発生した主な被害地震：平成24年版、平成27年版、平成29年版、令和元年版、令和3年版の消防白書

2) 震災の国への処方箋, 2020, JSSI

1.2 免震はいつ頃から開発されてきたのですか

免震建築のアイデアは、かなり古くからあったようです。我が国でも、100年以上も前から提案されていました。しかし、技術的な課題も多く、提案されたもののほとんどが実現されるには至りませんでした。そのような中、免震の考え方を用いた改修工事が1960年より2年間かけて行われました。それは、鎌倉大仏の改修工事で、大仏の首部への衝撃を緩和する目的で行われました（付録2「免震建築年表」参照）。改修の方法としては、台座と仏体を切り離し、RCで補強された台座の上に御影石を載せ、その上にステンレス板を置いて仏体側に取り付けて、御影石とステンレス板との間で滑るようにしました。すなわち、すべり支承を用いた免震構造にしたのです。

写真1　鎌倉大仏（すべり免震）[1]

その後、橋梁などで主に防振・防音対策用に使われていたゴムの使用実績を踏まえて、1970年代に建築物の基礎免震に用いる積層ゴムの支承材が開発されました。それと並行して、地震工学の発展やコンピュータによる解析技術の向上もあり、1970年代後半には、積層ゴムを用いた免震建築の実用化が図られました。まずは、フランスのマルセイユでLambesc小学校が建設され、その後、南アフリカのKoeberk原子力発電所、フ

ランスのCruas原子力発電所などが建設されました。また、ほぼ同時期に、アメリカ（写真2）やニュージーランド（写真3）でも、積層ゴムを用いた免震建築が建設されました。（積層ゴムについては、1章7節を参照して下さい。）

写真2　アメリカ初の積層ゴムを用いた免震建築[2]
（フットヒルコミュニティローアンドジャスティスセンター）

写真3　ニュージーランド初の積層ゴムを用いた免震建築[3]
（ウィリアムクレイトンビル）

このような欧米での積層ゴムを用いた免震建築の建設を背景として、日本でも、1980年前後から、積層ゴムの開発や免震構造の研究が活発に行われるようになってきました。そのような中、1983年に、日本で初めて積層ゴムを用いた免震建築が建設されました。それが、写真4に示す八千代台住宅です。

この建物の建設以降、大きな地震が発生するたびに免震の効果が認識されて、日本でも実績が積み重ねられました。大地震での免震の効果については、たとえば、1995年に発生した阪神・淡

写真4　日本初の免震建築（八千代台住宅）[4]

路大震災のときには、多くの建物が大破・倒壊したにもかかわらず、地震発生の前年に竣工した兵庫県神戸市内の免震建物は、柱・梁の骨組みが健全で地震後も建物の機能を保持していたことが挙げられます。また、2011年に発生した東日本大震災のときには、地震直後においても、免震病院は災害拠点としての機能を発揮したことなどが挙げられます。さらに、2016年に発生した熊本地震においても、熊本県内の免震病院は、地震後も問題なく業務が遂行されています。このことも踏まえて、熊本地震以降は、九州地方においても、市庁舎や公立病院などの公共建築に関しては、建替時においては免震構造が採用されるケースが増えています。

官庁施設の基準を制定した「官庁施設の総合耐震・対津波計画基準及び同解説（令和3年版、国土交通省大臣官房官庁営繕部監修）」においても

"免震構造"が取り上げられていますので、今後も、官庁施設や公共建築において、全国的にも免震構造が採用されるケースが増えるものと思われます。

また、日本初の免震建築が建設された1983年以降、実績が増えるとともに、国内ではさらに免震部材の研究開発が進み、現在では様々な免震部材が開発されて実用化されています。同時に、設計・施工技術もさらなる向上が図られて、様々な免震システム（超高層の免震建築、免震化された人口地盤など）が実用化されています。

このような背景もあり、国内の免震建築は、戸建住宅を含めると10,000棟以上が建設されていて、世界有数の免震建築保有国になっています。

なお、上記の免震の歴史などに関する内容については、下記の文献5における、"共通編の1章1.2節"や"免震編の2章"においても解説されていますので、参照して下さい。

参考文献
1) 可児長英　提供
2) 可児長英　提供
3) 宮崎光生　提供
4) 東京建築研究所　提供
5) 設計者のための免震・制震構造ハンドブック, 2014, JSSI編, 朝倉書店

1.3 免震、制振、耐震の違いは何ですか

我が国では、関東大震災(1923(大正12)年)の経験を経て耐震計算基準が初めて制定されました。その後、十勝沖地震(1968(昭和43)年)や宮城県沖地震(1978(昭和53)年)などのいくつかの震害を経て、1981(昭和56)年に、建築基準法が抜本的に改正され、「新耐震設計法」と呼ばれる耐震計算基準が制定されました。この設計法には、従来は取り入れられていなかった地盤特性や建築物の動的特性、また、構造部材の終局強度に基づく大地震動時に対する設計などの項目が新たに加えられました。新耐震設計法で目標とする耐震性能は、耐用年数中に数度は遭遇する程度の地震(中地震動)に対しては建築物の機能を保持すること、また耐用年数中に一度は遭遇するかもしれない程度の地震(大地震動)に対しては、建築物の架構にひび割れなどの損傷が生じても最終的には倒壊せずに人命の保護を図ることとされています。

しかしながら、阪神・淡路大震災などの大地震での経験を踏まえると、建築物が倒壊しないことはもちろんのこと、震災後にも建物の機能を維持することができる耐震性能、また、建物全体の資産価値を守ることができるなどの耐震性能が求められるようになってきました。そして、このような耐震性能は、防災上重要な建物だけではなく、一般の建物にも求められるようになってきました。

このようなこともあり、現在は、一般の建物でも、最低基準の建築基準法を満足するだけの耐震設計ではなく、設計を始める段階で耐震性能のグレードを設定して(図1)、設計を進めていくケースも増えてきています。

これらの耐震性能を満足させる構造形式については、現在は、図2に示すように、大きく三つに分類されています。それは、『耐震構造』、『制振構造』、『免震構造』です。以下において、これらの構造について、概要(違い)を示します。

『耐震構造』は、建築基準法の考え方に基づいて設計された建築物で、大地震動に遭遇したときには建築物が倒壊しないように設計されていますが、建築物自体に被害(損傷)が生ずることは許

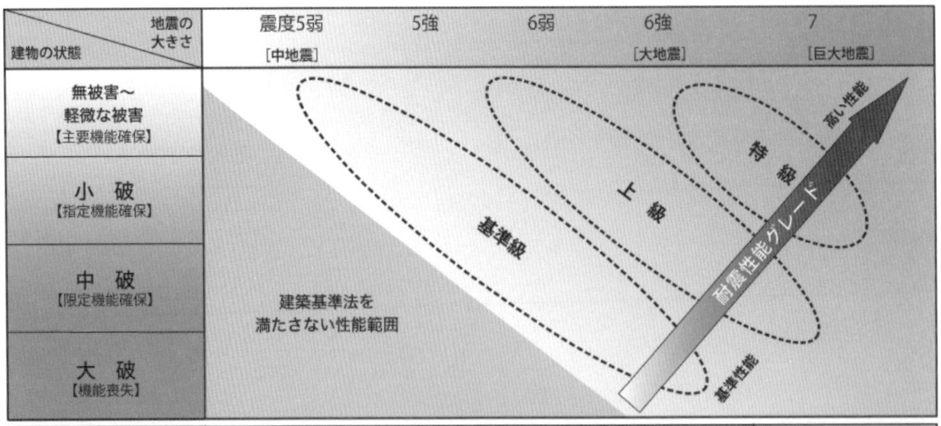

地震の大きさ
建物の状態
震度5弱
5強
6弱
6強
7
[中地震]
[大地震]
[巨大地震]
無被害～軽微な被害
【主要機能確保】
小 破
【指定機能確保】
中 破
【限定機能確保】
大 破
【機能喪失】
建築基準法を満たさない性能範囲
基準級
上 級
特 級
耐震性能グレード
高い性能
基準性能

地震荷重の区分	稀に発生する地震動	かなり稀に発生する地震動	極めて稀に発生する地震動	余裕度検証用の地震動
想定震度	震度5弱程度	震度5強程度	震度6強程度	震度7程度 *2
告示波の倍率 *1	告示波×0.2	告示波×0.5	告示波×1.0	告示波×1.5

＊1)告示波とは、平12建告第1461号の極めて稀に発生する地震動の加速度応答スペクトルに適合した模擬地震波とし、建設地の表層地盤による増幅を考慮します。 ＊2)震度7程度の地震動は、1995年兵庫県南部地震程度を想定しています。

図1 地震の大きさと建物の状態の関係(概念図)[1)]

構造形式	耐震構造	制振構造	免震構造
模式図および特徴	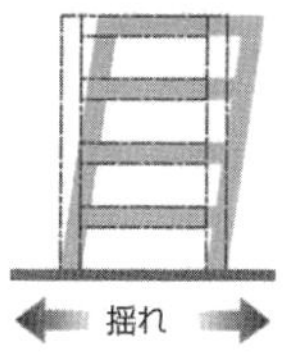 建物の骨組みを強化し、地震の揺れに対して耐える構造	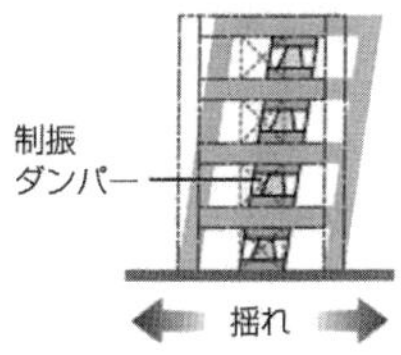 制振ダンバー 制振部材により地震エネルギーを吸収して揺れを低減し、構造体の損傷を防止する構造	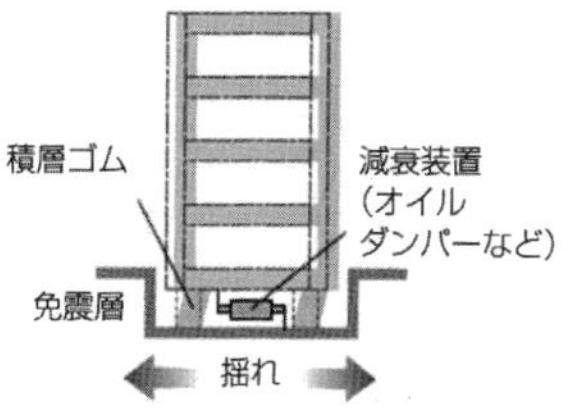 積層ゴム 減衰装置（オイルダンバーなど） 免震層 建物と基礎の間に免震装置・減衰装置を配置し、地震の揺れを直接建物に伝えない構造
地震時の揺れ	地図に対して建物内では、揺れが2〜4倍程度になる	地図に対して建物内では、揺れが1〜3倍程度になる	免震層は大きく動くが、建物内での揺れ（加速度）は 0.5〜1.5倍程度になる

図2　耐震構造、制振構造、免震構造の特徴 [2]

容しており、建築物が保有している機能の停止も同時に許容されています。地震力が建物に直接伝わるため、建物の上部にいくほど揺れが大きくなる傾向があり、家具や什器などに被害が発生する可能性が高くなります（図2左）。

『制振構造』は、建築物の架構自体は"耐震構造"と同じですが、建築物に何らかの制振部材を分散して組み込み、地震時の建築物の揺れをその制振部材で吸収して揺れを抑える仕組みになっています。そのため、耐震構造の揺れよりも建築物の揺れの増幅を抑えることができます（図2中央）。

『免震構造』は、基本的には、建物の基礎と上部構造の間に免震層を設けて、その免震層に免震部材を設置して、集中的に地震動の激しく速い揺れを吸収し、上部構造へは地震動の激しい揺れを伝わりにくくした建築物です。大地震動に遭遇したときに建築物が倒壊しないことはもちろんのこと、震災後にもその機能を十分維持できる性能を有して

いる建築物です。免震構造とすることによって、大地震時の地面の激しく速い揺れを、上部構造にはゆっくりした大きな揺れに変えるとともに、上部での揺れの増大を抑えることができます（図2右）。

このことより、免震構造を採用すれば、図1に示す耐震性能グレードにおいて、より高い性能を目指した設計が可能になります。

なお、上記の各構造形式の違いなどに関する内容については、下記の文献3における、"共通編の1章 1.3節"や"共通編の10章 10.1節"においても解説されていますので、参照して下さい。

参考文献
1) 安心できる建物をめざして
　JSCA性能設計【耐震性能編】, 2018.2, 日本建築構造技術者協会（JSCA）
2) 安心できる建物をつくるために
　―構造設計者と共に考えましょう―, 2018.7, 日本建築構造技術者協会（JSCA）
3) 設計者のための免震・制震構造ハンドブック, 2014,
　JSSI編, 朝倉書店

1.4 免震建築にすると、どんな構造になるのですか

免震構造の架構タイプは、免震層を設ける位置によって、大きく二つに大別されます。すなわち、建物の最下部に設ける"基礎免震"と、建物の中間階に設ける"中間層免震"です。

図1に、基礎免震タイプの姿図を示します。基礎免震は、最も基本的な免震構造のタイプで、建物の最下層の基礎部分に免震層を設け、アイソレータやダンパーなどの免震部材を設置する断面構成となっています。免震構造の最も重要なコンセプトである『地盤と建物との絶縁』ということを、文字どおりに体現した姿がこの基礎免震であり、免震構造の大多数がこのタイプとなっています。

このような基礎免震にすることにより、建物全体を免震化することができますが、建物下部にはもう一層の構造躯体を設ける必要があるために、躯体数量、根切り量、施工工期はその分かさむことになります。地下階がある場合には、城郭建築における濠のような形状の地下外壁を、建物周辺に配置する計画となります(これは、免震層よりも上の構造体が水平方向に大きく動くためです)。この地下外壁は、免震構造の性能を十分発揮させるために、また、大地震時においても壊れないように構造設計することになるため、壁厚が1m前後になることもあります。

なお、基礎免震の場合には、免震層が床下として扱われるため、アイソレータは基礎の一部とみなされて、アイソレータには耐火被覆は不要となります。

図2に、中間層免震タイプの姿図を示します。中間層免震は、建物の途中階に免震層を設け、下部構造は通常の耐震構造建物と同様に、地盤に床付けする断面構成となっています。この免震タイプは、敷地周辺に、クリアランス(免震層よりも上の構造体が、水平方向に自由に移動する動き代です)をとる余裕がない場合や、地下掘削が困難な場合には、特に有効となります。

中間層免震の採用により、基礎免震での根切り量が増加する懸念は解決されますが、免震層よりも下部の階では上部ほどの免震効果は期待できなくなることがあります。

建築計画については、特に、以下のことに留意した設計が必要になります。先ずは、免震層周り(免震層上下)の縦方向の動線については、免震層で水平方向に大きな移動が発生するため、その移動量に対する変形対策が必要になります。具体的には、階段、エレベーター、設備配管などへの変形対策です。解決策としては、上部構造から吊るディテールや、下部構造とは絶縁するディテールにするのが一般的です。また、中間層免震では外壁の途中でエキスパンションジョイントをとる必要があるため、防水に注意しなくてはなりません。

次に、防火区画や耐火被覆についても配慮する必要があります。中間層免震の場合には、法規的にアイソレータは柱の一部として扱われるため、アイソレータを耐火被覆して耐火構造とすることが求められています。3章3節には、耐火被覆を施した積層ゴムの一例を示していますので、参照して下さい。

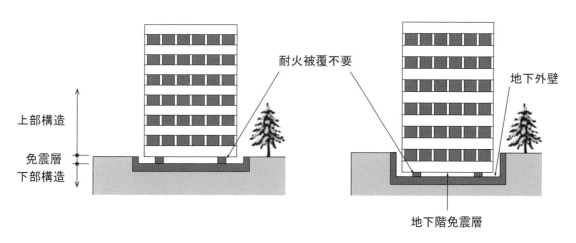

耐火被覆不要

地下外壁

上部構造

免震層
下部構造

地下階免震層

図1　基礎免震概念図 [2]

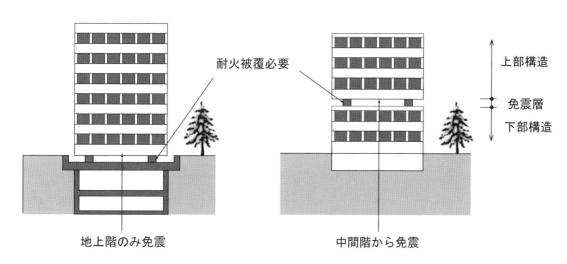

耐火被覆必要

上部構造

免震層

下部構造

地上階のみ免震

中間階から免震

図2　中間層免震概念図 [2]

＊補足：
建築基準法第二条第五号に"主要構造部"が規定されています。具体的には、壁、柱、床、はり、屋根、階段の六つです。この"主要構造部"に"基礎"は入っていないため、基礎の扱いになると耐火被覆は不要になりますが、"柱"は"主要構造部"に入っているため、柱の扱いになると原則として耐火被覆が必要になります。

参考文献
1）設計者のための免震・制震構造ハンドブック, 2014,
　JSSI編, 朝倉書店
2）免震構造 −部材の基本から設計・施工まで−
　（第2版）, 2022, JSSI編, オーム社

1.5 免震層とはどんな層ですか

(1) 免震層とは

免震層は、アイソレータやダンパーといった免震部材が設置される部分のことです。そして、図1に示すように確実な水平移動のための水平・鉛直クリアランスと点検のためにある程度の高さが必要になり、層を形成している場合がほとんどです。ただし、免震層は居室等の用途が発生しない場合、建築基準法上は床下または天井裏の扱いになるため、延床面積に算入されません。

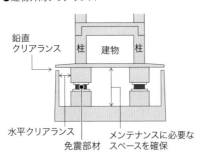

●建物外周クリアランス

鉛直
クリアランス

柱　建物　柱

水平クリアランス
免震部材

メンテナンスに必要な
スペースを確保

●変形時

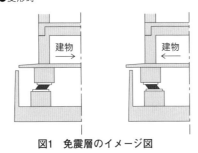

建物　建物

図1　免震層のイメージ図

(2) 免震層の基本計画

免震層は通常、人が入れないように、また可燃物などを設置できないように閉鎖空間にする一方、メンテナンスや万が一の免震部材取替用のルートとスペースを確保するのが一般的です。免震層の高さは、メンテナンスや免震部材の取替えが可能となる高さが必要で、使用する免震部材の大きさ、配置計画、取替方法、機械電気設備の配管計画などにより決まりますが、内法高さ(免震層上部梁下端から免震層スラブ上端まで)で最低1000mmあれば十分と思われます。

点検のため免震層に下りる階段や点検口を設け、取替えを想定し免震部材が搬出入できるマシンハッチを計画します。雨水等の水の侵入に対処するために、免震層床面の外周に側溝を設け、釜場等から排水を行う計画についても検討を行います。

(3) 免震層の可動部分

免震層の上面は上部構造躯体に支配されて大きくゆっくり揺れ、下面の床部分は下部構造に支配されて揺れの振幅は上部構造ほど大きくありません。地震時には、この免震層の上下床間には大きな相対変形が生じますので、可動部分には十分大きなクリアランスを設け、変形に追従できるディテールとすることが必要です。さらに、このクリアランスに人が落下したり、変形時に挟まれたりしないようなディテールや、可動部分に極力人を近づけない平面計画が望まれます。写真1は免震層の事例、写真2は可動部分に人を近づけないように植栽を設置している事例です。

写真1　免震層の事例 [1)]

免震側

非免震側

写真2　人を近づけないように植栽を設置している事例 [1)]

（4）免震層の建築計画

免震建築の計画に際して、免震層は人が居住せず用途が発生しない場合、基礎の一部とみなすことができますので、免震層部分のアイソレータやダンパーなどの免震部材に耐火被覆は不要です。しかし、免震層を居室として使う場合や、中間層免震の場合などは、免震部材が主要構造部すなわち柱と位置づけられるため、耐火の問題が生じます。免震層部分を駐車場に利用した設計事例を写真3に示します。この事例では免震部材自体に耐火被覆材を設置する方法をとっています。他の対処法として、大臣認定を取得することになりますが、免震層を防火区画として免震層全体の防火性能を上げて耐火被覆なしとする方法もあります。

また中間層免震では、防火区画（竪穴区画）となるエレベーター、階段、パイプスペースなどが、免震層を貫通するため、可動部分となる隙間（鉛直クリアランス）には、変位に追従可能な耐火目地材を設置します。

写真3　駐車場利用の例 [2]

参考文献
1) THK本社ビル
2) 酒井和成　提供

1.6. 免震部材とはどんなものですか

（1）免震部材の機能
免震部材とは、建物の基礎と上部構造との間に置くことで、地面からの揺れを建物にできるだけ伝えないようにする部材です。免震部材は、以下の四つの機能が要求されます。

- ① 地震の揺れが建物に伝わらないように縁を切る「絶縁機能」
- ②地震の揺れを受けても常に安定して建物の重量を支える「支持機能」
- ③地震の揺れ幅を少なくする「減衰機能」
- ④地震後に、建物が元の位置に戻るための「復元機能」

免震部材を、その機能から大きく分けると、①、②（場合によっては③、④）の機能を満たす「アイソレータ（支承）」と、③の機能を満たす「ダンパー」の2種類に分けることができます。

（2）アイソレータの機能
アイソレータの機能は、地震時の揺れが建物にできるだけ伝わらないように水平方向には柔らかく動きやすく、かつ建物の重量を常に安定して支えるような仕組みが要求されます。具体的には、薄いゴムシートと鋼板を交互に重ね合わせた積層ゴム支承（写真1）や、摩擦抵抗をできるだけ少なくしたすべり支承（図1）、転がり支承（写真2）などがあります。

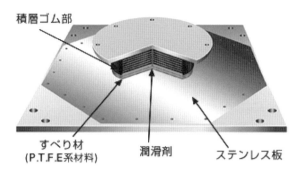

図1_弾性すべり支承 [1]
（建物の重さを支持しながら、地震時にすべりが生じる部材）

写真2 レール式転がり支承 [2]
（建物の重さを支持しながら、転がりが生じる部材）

（3）ダンパーの機能
アイソレータの機能だけでは、地震時の建物と地面との揺れ幅が大きくなりすぎてしまいます。この揺れ幅を適度に少なくするために、減衰機能（ダンパー）が必要となります。

ダンパーの機能は、地震時の建物の揺れ幅や速度に応じて地震のエネルギーを吸収し、揺れを抑える働きになります。ダンパーの主な種類として、鋼材などを用いた金属系のダンパー（写真3）や、摩擦抵抗力を利用した摩擦ダンパー、柔らかい流体材料を用いたオイルダンパー（写真4）やボールネジを利用した増幅部と粘性体を充填した減衰部で構成する減衰装置（減衰こま）（写真5）などがあります。

写真1　積層ゴム支承 [1]
（薄いゴムと鋼板を相互に重ね合わせることで建物重量を支持しながら、地震時にはゴムが柔らかく変形する部材）

鋼材ダンパー [3]

鉛材ダンパー [4]

写真3　金属系のダンパー
（建物の重さを支持しないが、地震時に鋼材が大きく変形することにより、揺れを低減する部材）

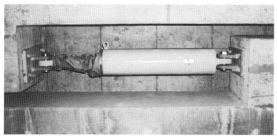

写真4　オイルダンパー [5]

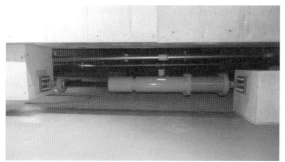

写真5　増幅機構付き減衰装置（減衰こま）[2]
（建物の重さを支持しないが、地震時の速度に応じた減衰力により、揺れを低減する部材）

（4）ダンパー機能を兼ねたアイソレータ

アイソレータには、地震の揺れ幅を少なくする減衰機能を兼ね備えたものもあります。鉛や錫などを積層ゴムに挿入した「鉛プラグ入り積層ゴム支承」（図2）や「錫プラグ入り積層ゴム支承」、ゴム材料を工夫することでゴム自体に減衰機能をもたせた「高減衰積層ゴム支承」、鋼材ダンパーを積層ゴム支承の上下フランジ間に取り付けた履歴型ダンパー付積層ゴム支承（写真6）、スライダーが上下の球面上のすべり板の間で振り子のように移動する「球面すべり支承」（図3）などです。また、「すべり支承」は、摩擦係数に応じて、低摩擦・中摩擦・高摩擦タイプが選定できるため、建物の重量を支えるアイソレータ機能とダンパー機能を兼ね備えることも可能です。

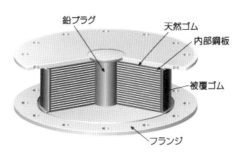

図2　鉛プラグ入り積層ゴム支承 [1]

写真6　履歴型ダンパー付き積層ゴム支承 [3]

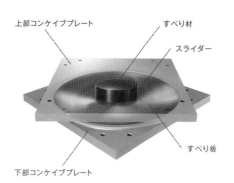

図3　球面すべり支承 [3]

（5）アイソレータの組合せ

アイソレータには、地震後に元の位置に戻る復元機能が求められますが、積層ゴムのように弾性剛性による復元能力や球面すべり支承のように球面の曲率により復元機能を有する部材とレール式や平面転がり支承のように復元機能を有さない部材があります。一般的には、すべり・転がり支承は別途、復元機能を有する積層ゴムなどを併用する必要があります。アイソレータの特性による分類を図4に示します。

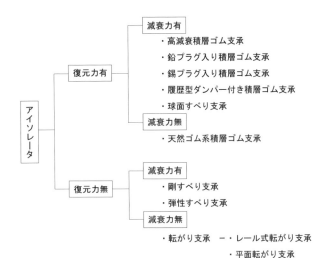

図4　アイソレータの特性による分類

（6）水平変形緩衝装置

免震建築は、大地震の際に地盤側の擁壁に衝突しないように設計されており、擁壁と建物の間に適切な水平クリアランスを設けています。近年、設計想定を超える巨大地震の発生に対する危険性の高まりとともに、万が一の衝突に備えて、建物と擁壁との間に衝突時のエネルギーを吸収し、衝撃を緩和する変形緩衝装置を設置する事例もあります（3章15節参照）。

参考文献
1) ブリヂストンのカタログ
2) THK本社ビルの免震層
3) 日鉄エンジニアリングのカタログ
4) 鉛ダンパー　住友金属鉱山シポレックスのカタログ
5) 設計者のための免震・制震構造ハンドブック, p44, 2014, JSSI編, 朝倉書店

1.7 積層ゴムとはどんなものですか

(1) 積層ゴムの構造

積層ゴムは、図1に示すように薄いゴムシート(内部ゴム)と鋼板を交互に積層し、上下を構造物に取付けるためのフランジが取付けられています。これらゴムと鋼材は、加硫接着により強固に接着されています。また、外周部は被覆ゴムにより内部ゴムを保護しています。

(2) 積層ゴムの特長

積層ゴムは、長期に建物の荷重を支え、大地震時には、水平方向にやわらかく変形し、地震がおさまるとスムーズに元の位置に戻る機能が必要となります。

図2に示すようにゴム単体(ゴムブロック)の場合、圧縮方向、水平(せん断)方向ともに柔らかく、圧縮方向に大きな荷重をかけると、変形して横方向にふくらみ、安定して支持することができません。それに対し、積層ゴムは、硬い鋼板をゴムの間に入れることによって圧縮方向の変形が大幅に抑えられます。しかし、水平(せん断)方向の柔らかさはゴム単体の場合と同程度に保つことができます。内部ゴムの層数は20〜40層程度ですが、これら積層ゴムの水平剛性と鉛直剛性の比は1:1000以上となっています。実際に使用されている積層ゴムは直径500〜1800mm程度で、30MN(3000 *tf*)をこえる建物荷重を支えることができます。

(3) 積層ゴムの種類

①天然ゴム系積層ゴムは、内部ゴムに天然ゴムを用いています。地震のエネルギーを吸収する減衰機能はありませんが、水平剛性に関して線形性に優れた安定したばね性能を有しています。別途、ダンパーと組合せて使用しますが、様々なダンパーと組合せることにより、自由度の高い設計が可能となります。

②鉛、錫プラグ入り積層ゴムは、天然ゴム系積層ゴムの中心部に鉛もしくは錫のプラグが挿入されています。天然ゴム系積層ゴム部分がばね機能を、プラグ部分が減衰機能を発揮します。そのため、別途、ダンパーが不要、もしくは数を減らすことができます。

③高減衰ゴム系積層ゴムは、内部ゴムに減衰性の高いゴムを用いています。ゴムに減衰機能があるため、別途、ダンパーが不要、もしくは数を減らすことができます。

④ダンパー一体型積層ゴムは、天然ゴム系積層ゴムとダンパーである鋼材ダンパーを組み合わせて一つの装置としたものです。ダンパーが分離しているため、ばね機能と減衰機能を単体で確認できます。

また、積層ゴムの形状は丸形だけでなく、角型もあり、建物条件に合わせて選択されています。

日本のみならず、世界の地震国で道路橋や建築に免震構造が積極的に採用され始めたのは、この積層ゴムの出現によるといっても過言ではないでしょう。

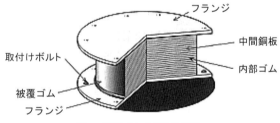

図1　積層ゴムの基本的構造

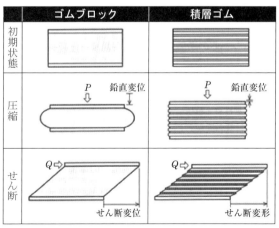

図2　積層ゴムの特徴

1.8 積層ゴムはどのように作られるのですか

積層ゴムは、天然ゴムや合成ゴムを主材料とした薄いゴムシートと鋼板を交互に積層し、加硫接着により一体成型したもので、ゴム、中間鋼板、フランジ（および連結鋼板）の3種の部材から構成されています。積層ゴムの製作工程において重要なことは、水平剛性、鉛直剛性、限界性能などの積層ゴムの性能を安定して達成するために適切なゴム材料物性とゴムと鋼板の良好な接着性能を維持し、寸法精度の高い積層ゴムを製作することです。

1. ゴムシートの準備
配合計量→精練→圧延→型打ち抜き

積層ゴムは、ゴムと配合剤を均質に混ぜるために高速、高馬力の混練機で練り合わせます（精練）。次に混練された材料を積層に適した厚さのシート状に加工し（圧延工程）、その後適した形状に断裁します（抜き打ち）。

2. 中間鋼板、フランジ（連結鋼板）の準備
切断→機械加工→（めっき加工）→表面処理→脱脂→接着剤塗布

所定形状に機械加工した後、良好な接着を与えるための処理を行います。接着面にショットブラストなどで適度な凸凹を与え、脱脂処理後、適切な厚さ（数十μm）に加硫接着剤を塗布します。

3. 積層ゴム組立製作
積層→加硫成型→仕上げ

高温高圧下でゴム分子どうしが硫黄を介して結合して弾性体となる工程を加硫と呼びます。このとき、同時に金具に塗付された接着剤とも接着反応が行われます。積層ゴムの形状を保持する成型金型（モールド）の中に、フランジまたは連結鋼板、ゴムシート、中間鋼板を積層して上蓋を閉め、加硫プレス機にセットします。上下方向に加圧しながら130〜150℃の温度で長時間加熱します。積層ゴムのサイズにより、加硫は数時間から10時間以上にもなります。加硫時の温度、圧力、時間は積層ゴムの性能を左右する条件であり、これらを適切にコントロールすることが大変重要です。

4. 後加工
寸法検査→性能検査→防錆塗装

必要に応じて、各種の後加工を行います。プラグ挿入型積層ゴムでは、鉛または錫プラグを積層ゴムに圧入します。
製品完成後には、各部の寸法検査や、圧縮・水平加力試験などの性能検査を実施し、品質を確認します。また、定期的に限界試験なども行われ、製造工程の信頼性が確保されます。

参考文献
1)建築免震用積層ゴム支承ハンドブック, 2017, JSSI

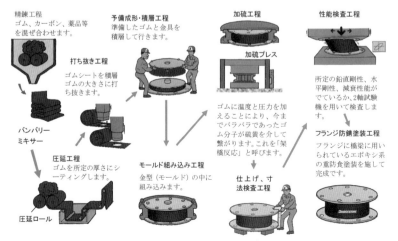

図1 積層ゴムの製作工程[1]

1.9 ダンパーにはどんな役割があるのですか

(1) ダンパーの役割

ダンパーは、建物に伝わる地震時のエネルギーを吸収し、建物の揺れ幅を抑える働きがあります。自動車に例えれば、スプリングが天然ゴム系積層ゴムであるのに対し、ダンパーはショックアブソーバのような減衰装置です。路面の凸凹による揺れを抑えるためには、スプリングだけでは揺れ幅が大きく、また減衰が少ないのでしばらく揺れ続けます。ショックアブソーバとの組合せにより、すぐに揺れ幅を抑えることが可能となります。

免震構造の場合も自動車と同じことがいえます。例えば、免震部材に減衰機能がない場合、建物の重量を支えることはできますが、地震のときに揺れ幅が大変大きくなり、またいつまでも揺れが続きます。この大きな揺れ幅に対して問題のないように、建物周りの間隔の確保や、ガス、水道、電気などの設備配管および建物を支える免震部材をつくることは容易ではありません。地震による建物の揺れ幅を適度に抑えるためには、建物を支える機能だけでなく、地震時に揺れを少なくする働きをもつ「ダンパー」が必要となります。

(2) ダンパーの種類

ダンパーの分類を図1に示します。ダンパーには、金属（鋼や鉛）が大きく変形することにより地震時のエネルギーを吸収するもの（図2）や摩擦抵抗を利用する履歴系ダンパー（写真1）、オイルや粘性体などのように速度に応じた粘性抵抗を利用する流体系ダンパー（写真2、図3）、減衰性の高いゴム系の粘弾性体を利用した粘弾性系ダンパーなど、多くの種類のものが開発されています。いずれの種類も、吸収された地震エネルギーは、ダンパーの熱エネルギーに変わり放熱されます。

高減衰積層ゴム、鉛プラグ入り積層ゴム、すべり・転がり支承（写真3）などは、建物の重量を支える機能と、地震時のエネルギーを吸収するダンパー機能（減衰機能）を併せもつ免震支承といえます。

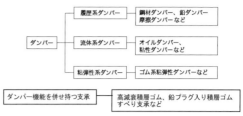

図1　ダンパーの分類

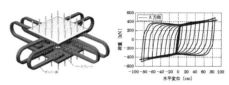

図2　鋼材ダンパーとその復元力特性の例[1]

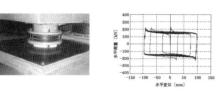

写真1　摩擦ダンパー（摩擦皿ばね支承）とその復元力特性の例[2]

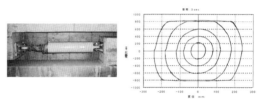

写真2　オイルダンパーとその復元力特性の例[3]

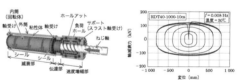

図3　粘性ダンパー（増幅機構付き減衰装置）とその復元力特性の例[4]

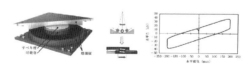

写真3　球面すべり支承とその復元力特性の例[1]

参考文献
1) 日鉄エンジニアリング技術資料
2) 大林組ホームページ：摩擦皿ばね支承
3) 設計者のための免震・制震構造ハンドブック, p44, 2014, JSSI編, 朝倉書店
　時刻歴応答解析による免震建築物の設計基準・同マニュアル及び設計例(第2版), 2018, JSSI
4) 免制震デバイス技術資料

1.10 免震建築はどのように揺れるのですか

（1）免震建物の揺れ方

建物が完全に地盤と絶縁されていれば、理論上は地震時に全く揺れない免震建築が可能となりますが、実際には、建物と地盤は完全に絶縁されているわけではなく、建物の重さを支えたり、地震や強風時に建物が移動しないようにするために、免震部材により地盤とつながっています。そのため、免震建築といえども地震により振動します。しかし、その揺れ方は、一般耐震建築と異なり穏やかなものとなります（図1、図2）。

免震建築は、大地震動による地面の激しく速い揺れに対して、免震層が変形して、クッションの役割を果たし、免震構造の揺れ方は、激しい揺れ方ではなく、免震層より上部がゆっくり大きく平行移動するように揺れます。その結果、免震建築の内部にいる人には、大地震動の激しい揺れが1/2から1/5にしか感じられません。

免震建築では、免震層に設置したダンパーが地震動のエネルギーを集中的に吸収するため、上部構造の応答層間変形や床応答加速度が小さくなります（1章12節参照）。

そのため、内部の家具などの転倒や、建物が変形することによる、内装材などの損傷も少なくなり、地震時の建物内の居住者の恐怖感もかなり低減されます。

（2）大地震時の免震建築の居住者アンケート結果

2011年3月11日に発生した東日本大震災後に、仙台市の免震建物の居住者に対するアンケートでは、「ゆりかごに揺られているよう」、「ゆっくり揺れるので冷静に対応できた」との感想がよせられ、免震建築の揺れの特徴が表れています。

居住心理は本震の揺れに対する恐怖感や不安感はあったもののその後頻発して起きた余震に対しては安心感があったと回答した人が多かったと報告されています（図3）。

図1　一般耐震建築 [1]

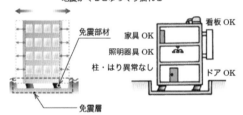

図2　免震建築 [1]

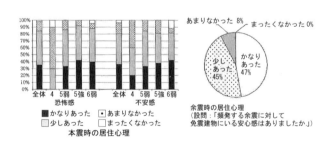

図3　東日本大震災時の免震建築の居住心理 [2]

参考文献
1）JSSIパンフレット「地震から建物を守る免震」
2）設計者のための免震・制震構造ハンドブック, 2014, JSSI編, 朝倉書店

1.11 免震建築にはどんなメリットがありますか

免震建築のメリットとしては、下記に示すような点が挙げられます。

これらにより、建物としての資産価値が向上します。

(1) 建物の構造被害の防止（安全性向上）

免震構造とすることで、建物に加わる地震力を低減できるため、構造被害を減少させることができます。大地震時に予想される被害が少ないため、住宅性能表示制度（「住宅の品質確保の促進等に関する法律」に基づく制度）において免震等級が与えられれば、地震保険の保険料が割引になるなどのメリットがあります。

(2) 建築仕上材および設備機器の被害の防止（機能性の維持）

免震構造の採用により、仕上材や設備機器を含めた、建物自体の被害も極めて小さくなるため、電気や水道などのインフラが機能していれば、地震前と同様に、建物をそのまま使い続けることができ、建物機能を維持できます。

(3) 家具類の転倒防止など、収容物の損傷防止（財産の保全）

免震構造では、建物内の揺れ（加速度）が小さくなるため、家具などの収容物が転倒などによる損傷を受けることが少なくなり、財産を保全することができます。

(4) 振動の体感低減による心理的不安・不快感の除去と安心感・居住性の向上（安心・居住性の向上）

東日本大震災では、震度4以上の揺れが3分以上続く所がありました。

免震構造であれば、建物内の震度は 1 程度小さくなり、揺れによる恐怖感を感じるほどの揺れを受けません。なによりも、万が一大地震が起きても建物被害や家具転倒などにより負傷する不安がなく身の安全が守れるという安心感が免震建築にはあります。

(5) 設計自由度の増大に伴う、新しい建築形態の可能性向上（設計自由度の向上）

免震構造では、地震時に建物に加わる水平方向の力が小さくなるため、海外の地震被害の少ない地域の建物のように、地震力から解放された、新しい形態の建物を設計することが可能となります。

(6) 建物の寿命を延ばし環境負荷を低減（長寿命化、環境負荷低減）

免震構造では、一般にイニシャルコスト（建設コスト）は免震層の建設分アップしますが、大地震時の補修費が小さく、ライフサイクルコストは小さくなります。トータルでの使用材料が削減できて建物の長寿化も可能となるため環境負荷低減に寄与します（2章8節参照）。

また免震レトロフィット（2章4節参照）を用いれば重要文化財等の貴重な建築物を現状の姿を保持したまま長寿命化して保存することが可能となります。

図1　免震建築のメリット（その1）[1]

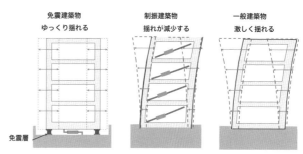

図2　免震建築のメリット（その2）[2]

参考文献
1) 日本免震構造協会パンフレット「免震のすすめ」
2) JSSIパンフレット

1.12 巨大地震での実際の免震効果は どうでしたか

1995年1月17日の阪神・淡路大震災以降、大地震の際に多くの免震建築で地震記録が得られ、免震効果が確認されています。2011年3月11日の東日本大震災の際にも、いくつかの免震建物で地震記録が得られました。

(1) 超高層免震建築の東日本大震災時の挙動事例

1999年に仙台に建設された、日本初の高さ60m を超える超高層免震建築は、地上18階、地下2階建の建物で、最高高さは84.9mです。弾性すべり支承10台と積層ゴム支承26台の免震部材が使われています。この建物では、地下1階と1階の間に設けた免震ピットと1階、10階、18階の4 か所に地震計が設置され、地震記録が取れました。各方向の記録の加速度の最大値を図1に示します。免震ピットでは、南北方向311cm/s²、東西方向226cm/s²と震度5強に相当する大きな加速度ですが、免震層を挟んだ1階床上で、南北方向で56%、東西方向で63%と半分程度に低減されています。また、70m程度の高さの18階の床上でも、南北方向62%、東西方向84%に低減され、上階にいっても加速度の増幅はほとんどないことがわかります。ただし、上下方向には加速度の低減効果は見られませんでした。

(2) 中層免震建築の東日本大震災時の挙動事例

2009年1月に竣工した岩手中部圏域の災害拠点病院は、鉄筋コンクリート造地上6階、地下1階建で、延床面積が32,194m²、高さ29mの基礎免震建築です。天然ゴム系積層ゴム支承97台、鉛プラグ入り積層ゴム支承45台、低摩擦弾性すべり支承76台、鋼材ダンパー28台が使われています。ここでは、免震ピット内、地下1階床上、6階床上に地震計が設置されています。各観測点の加速度最大値と応答倍率を表1に示します。免震ピットを挟んだ地下1階床上では、

免震ピット内の1/2～1/3程度に最大加速度が低減されており、6階床上でもほぼ1/2程度の大きさになっています。上下方向にはやや加速度が増幅していることがわかります。

また、本建物ではけがき板が設置されており、免震層で最大94mmの相対変位が記録されました。免震層の残留変形はなく、地震後には建物は所定の位置に戻っていました。

これら以外の免震建物でも多くの地震記録が観測され、2016年の熊本地震の際に阿蘇医療センターにおいて、免震層で最大460mmの変位が記録されましたが、建物や医療設備の被害はほとんどなく、免震効果が確認されています。

一方、問題点も明らかになりました。地震時に建物が変位するために、地盤あるいは隣接建物との相対変形を吸収するためのエキスパンションジョイントが必要ですが、3次元に揺れることで想定以上の変形が発生し、破損したものも見られました。地震被害が認められたエキスパンションジョイント部や免震部材取付部では慎重な設計が求められます。

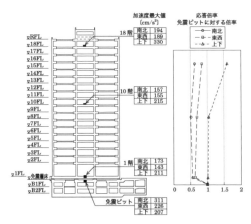

図1　仙台のビルでの加速度最大値の分布と加速度の応答倍率 [1]

表1　岩手県の病院での加速度最大値の分布と加速度の応答倍率 [2]

	南北方向		東西方向		上下方向	
	最大加速度 (cm/s²)	応答倍率	最大加速度 (cm/s²)	応答倍率	最大加速度 (cm/s²)	応答倍率
6階	183	0.60	103	0.54	177	1.38
地下1階	83	0.27	77	0.40	148	1.15
免震ピット	305	1.00	192	1.00	128	1.00

参考文献
1) 会誌「MENSHIN」75号, 2012, JSSI
2) 会誌「MENSHIN」74号, p35, 2011, JSSI

1.13 免震建築は長周期地震でも大丈夫ですか

(1) 長周期地震とは

長周期地震動は、2003年9月に発生した十勝沖地震以降、大きくクローズアップされました。十勝沖地震は、マグニチュード8クラスの海溝型の巨大地震であり、震源から200km以上も離れた苫小牧で、石油タンクの内容物が地震動と共振して液面が揺動（液面揺動：スロッシング）し、浮き屋根と周壁の接触による火花によって火災が発生しました。被害を受けたのが、スロッシングの固有周期が5秒ないし12秒の石油タンクであり、これら数秒から数十秒の周期帯域に大きなパワーをもつ地震動、すなわち長周期地震動によって超高層建築や免震建築といった長周期の固有

周期をもつ建物に影響を与える可能性が指摘されました。

(2) 南海トラフ沿いの巨大地震

平成28年6月に国土交通省より、「超高層建築物等における南海トラフ沿いの巨大地震による長周期地震動への対策について（技術的助言）」が通知されました。図1に示す対象地域内で新築する超高層建築や免震建築について、長周期地震動への対策が必要になっています。このため、対象地域では従来からの検討に加えて、
①建設地で発生が想定される長周期地震動による検討を行うこと。
②免震建築については長時間の繰り返しの累積変形の影響を考慮して安全性の検証を行うこと。
になっています。

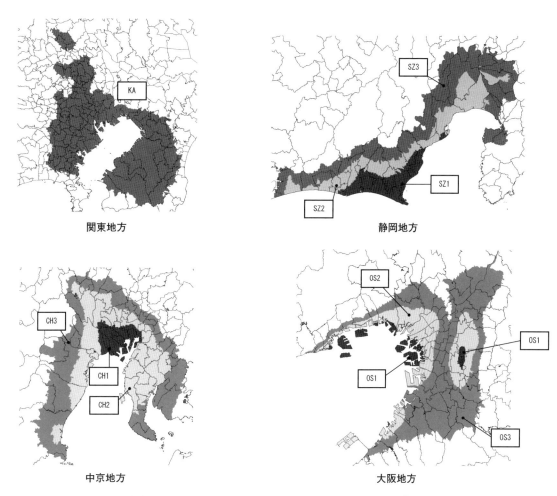

図1　南海トラフ沿いの巨大地震による長周期地震動の対象エリア[1]

（3）長周期地震による免震部材の繰り返し依存性

長周期地震動は継続時間が長く、免震部材は長時間の大振幅繰返し変形を受けることになり、地震時吸収されるエネルギーの増大、免震部材の温度上昇により、その特性が変化する可能性が高くなります。そのため、時刻歴応答解析における免震建築の耐震安全性の検証においては、その特性の変化（繰り返し依存性）を考慮する必要があります。

国土交通省による建築基準整備促進事業では、免震建物に使用される代表的な支承材と減衰材を対象に長時間、大変形繰り返しによる依存性について、確認実験等に基づく調査を実施しています。これらは、長周期地震動を考慮した解析における繰り返しの影響の必要性を判断するための参考にできます。一例として図2に鉛プラグ入り積層ゴム支承と鋼材ダンパーの実験結果を示します。

（4）免震建築と長周期地震

免震建物は、上部構造を積層ゴムなどの支承で支持することで長周期化させるとともに、ダンパーにより地震のエネルギーを吸収し、建物に作用する地震力を低減する構造です。長周期化された免震建物の固有周期は2～6秒程度であることから、長周期地震動によって共振することが懸念されています。また、長周期地震動は継続時間が長く、免震部材は長時間の大振幅繰返し変形を受けることになり、繰返しによって性能が劣化しないことや繰り返しの累積変形の影響を考慮して安全性の検証を行うことが必要になります（3章18節参照）。

一般的に地震時の共振に関しては、建物の減衰を大きくすることで、建物の応答を小さくすることが可能です。免震建物は減衰（ダンパー）機構を併用しているために減衰が大きく、長周期地震動に対しては比較的有利であると考えられています。

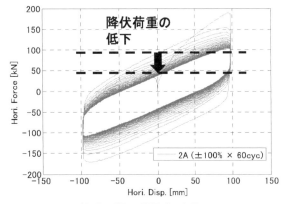

鉛プラグ入り積層ゴム支承
（加振回数の増加に伴い降伏荷重が低下する傾向が見られる。
ただし際限なく低下することはない。）

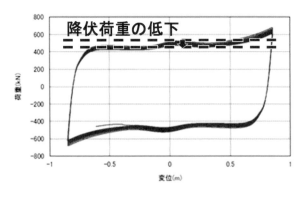

鋼材ダンパー
（加振回数の増加に伴い降伏荷重が低下する傾向が見られる。）

図2　繰り返し加振による実験結果の例[2]

参考文献

1）国土交通省　超高層建築物等における南海トラフ沿いの巨大地震による長周期地震動対策について（技術的助言）別紙

2）建築研究所ホームページ「長周期地震動対策に関わる技術資料・データ公開特設ページ」、「別紙5-2　免震建築物の繰返し依存性の検証方法」
https://www.kenken.go.jp/japanese/contents/topics/lpe/52.pdf

1.14 免震建築は津波で水没しても問題ないですか

（1）免震建築と津波

基礎免震とした場合は、免震層は地盤面より低くなるのが一般的です。通常ありえる豪雨により浸水した場合には排水設備（図1）を設けて対応します。しかし、東日本大震災のような大規模な津波を受けた場合や、近隣の河川が氾濫した場合は免震層だけでなく建物の大半が水没するおそれがあります。事実、東日本大震災では数棟の免震建物が水没したことが報告されています。これらの建物の中で、ある建物は排水がかなり遅れ、排水後の状況として免震部材の金属部に錆が多く見られましたが、臨時点検とメンテナンスを行うことで取り換えることなく継続使用されています。

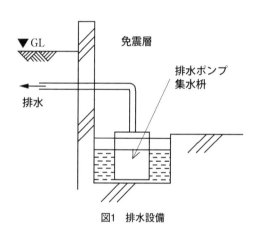

図1　排水設備

（2）水没による免震部材の性状

継続使用の条件としては水没により免震部材に損傷や性能変動が少ないことが重要となります。以下に主な免震部材の水没による性状を示します。

①積層ゴム支承：

被覆ゴムがあり、性能には直接的な影響はありません。フランジやボルトなどの金属部分の錆に対してケアが必要です。

②すべり支承および球面すべり支承：

すべり板上に水が溜まった状態でも性能には直接的な影響はありません。水没状態が長期に及んだ場合にはすべり材の外周部から徐々に浸透し摩擦係数が若干低下する可能性がありますが、真水で清掃し乾燥すれば性能上問題ありません。また積層ゴム同様に金属部の錆のケアも必要です。

③転がり支承：

性能には影響ありませんが、レールやボルトなどの金属部分に錆が発生します。水没時に稼働すると、ブロック内への水の侵入が考えらえますが、グリーズアップすることで荷重支持能力および水平性能に影響はありません。

④鋼材ダンパー：

金属部品の構成であるため、直接的な影響はありません。他の免震部材と同様に金属部の錆のケアも必要です。

⑤オイルダンパー：

外部と密封された機構になっており、短期間（1〜2年）程度であれば特性の変化はなく使用できますが、錆が発生する可能性があり、早期の点検・交換を推奨します。ロッドの錆によりシールが破損し、油漏れを起こす可能性があります。

⑥増幅機構付き減衰装置（減衰こま）：

ねじ軸部から内部に水が浸入し、ボールねじを含めて発錆する可能性が高く、オーバーホールを推奨します。

（3）維持管理と安全対策

津波被災後の免震層では、水没状態の回復（ポンプによる排水など）を行い、その後、砂や泥などの沈殿物の処理、免震部材の洗浄を行い、金属部の発錆状態に気を配り、通常点検（外観検査）を行います。

また、免震層が深く建物が低層な場合は、水の浮力により上部構造が浮き上がるおそれがあります。その場合には上下方向の抵抗力が低い積層ゴムは大きく伸び、破断することもあり、必ず専門技術者による詳細点検が必要となります。

さらに、建物が大きな津波を受けた場合、免震層

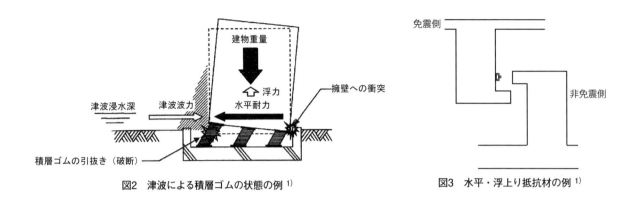

図2　津波による積層ゴムの状態の例 [1]

図3　水平・浮上り抵抗材の例 [1]

が水没するだけでなく、衝撃的な水圧が壁面に作用することによって建物を押し倒す力が働き、建物の浮上りが助長されたり、擁壁に衝突する可能性もあります（図2）。そのため津波を受けた場合の再利用は、外観状況だけでなく専門技術者による臨時点検やメンテナンスを行ったうえでの判断が必要です。

従来、免震構造で津波を対象とした設計がほとんどないため、具体策はあまりありませんが、1階の壁に開口を増やし水圧を低減させたり、地下階の床に開口を設けて浮力を低減させる、また浮上り抵抗材を設置するなどが考えられています。図3は水平・浮上り抵抗材の一例です。クリアランスを超える変形に対して、免震層に構築したRC壁に衝突して変形を制御し、1階梁下に設けたあご型と噛み合わせることで浮上りに対しても抵抗します。

今後、津波など水害を受けるおそれが考えられる計画地では、水没後の対応や浮上り防止策を計画することが望まれます。

参考文献
1) 免震建物における津波構造設計マニュアル, 2020, JSSI

1.15 免震建築に期待される新たな技術にはどんなものがありますか

(1) 次世代の免震情報調査

免震建築は地震被害の低減を目的として誕生後、さまざまな免震部材が開発され多様な建築物に採用され発展を続けてきました。その性能は建物の倒壊防止・人命保護にとどまらず、機能と財産も保全することを目標としています。近年は、震災後の事業継続性の確保（BCP）や避難所や防災拠点となりえることが評価され、更なる要望に答えるべく新たな技術開発が進められています。

この状況を受けて2017年にJSSIでは次世代免震システムの検討委員会を設け、2021年に技術開発の状況などの調査報告がされています[1]。この報告書では、4つのテーマを掲げて、次世代の免震建築を展望する最新情報を紹介しています。ここでは、各テーマの報告概要と報告書にある技術にいくつか最新情報を加えて紹介します。

テーマ1:

「免震性能評価と提示」では、一般ユーザーと専門家とでは免震構造のとらえ方に大きな違いがあることが報告されています。免震の効果については、専門家がユーザーの視点に立った情報を発信すべきであると指摘しています。

テーマ2:

「現状技術評価」では、免震技術の到達点・限界点を確認する目的から、免震システムの種類、設計法、極限の挙動、津波対策、居住性評価などの項目に対して現状評価を行っています。その結果、これまでの実地震に対して問題が生じたものはないと報告しているが、要望される課題を先回りして解決する姿勢が必要であるとしています。

テーマ3:

「高性能免震」では、積層ゴム支承とダンパーの組合せという従来の免震システムでは対応が難しい地震動レベル（想定巨大地震）や高度な要求レベルに対処する新たな免震システムを紹介しています。その中で現状技術の延長にある多段積層ゴムやフェイルセーフ免震システムなどのパッシブ免震があり実用化されています。さらに、アクティブ、セミアクティブ制御、浮揚免震などは特定の建物で実用化はされていますが、まだまだ研究途上にあり、技術のみならず、コスト、運用、管理などの課題が残るとしています。

1) 浮揚免震

「浮揚免震」としては、写真1に示す建物が紹介されています。このシステムは、積層ゴムとともに水の浮力で建物を支えながら、水の動きを利用して建物の揺れのエネルギーを吸収する減衰機構を導入しており、水に浮かせることで絶縁・支持・減衰という免震システムに必要な機能を実現しています。

浮揚免震建築物の全景

浮揚免震建築物の断面パース

写真1　浮力を利用した免震建物パーシャルフロート免震構造[2]

他の浮揚免震の例として、ある程度の規模の地震時に、高圧の空気が建物の基礎に敷き込まれたマットに空気が吹き込まれ、建物を浮上させることで基礎と建物を絶縁する免震システムも開発されています。事例は少ないで水が軽量な戸建て住宅に採用されています。

この浮揚機構には上下振動に対する免震機能が期待されており、この機能を従来の水平方向に有効な免震システムに追加した3次元免震建築への試みも始

められています。写真2の建物では、水平方向に有効な積層ゴム支承に加えて空気ばねを上下方向免震部材として利用した3次元免震装置の開発・適用により、水平・上下両方向の応答低減を可能としています。

阿佐ヶ谷「知粋館」

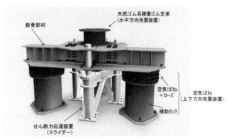
3次元免震装置の構造

写真2　空気ばねを用いた3次元免震建築 [3]

2）フェイルセーフ免震

この報告書にある「フェイルセーフ免震」としては、一定の変形を過ぎると減衰が発揮されるオイルダンパーを用いたシステムがあります。写真3は、建物とこの機能を有するダンパーを示します。

建物全景　（市民ひろばから撮影）

免震層状況

写真3　半田市新庁舎 [4]

3）アクティブ、セミアクティブ制御免震

「アクティブ、セミアクティブ制御免震」としては、免震建築の上部構造に制振装置を設置して地震や強風による揺れを限りなく制御する建物や、コンピュータ制御による可変減衰型オイルダンパーを用いたものがあります。さらに、免震建物にアクチュエーターで制御力を加え、揺れを極限まで低減することに挑戦した建物(写真4)も実現しています。

建物全景

アクチュエータ

写真4　制御力を加えた免震建築
（スーパーアクティブ制御構造） [5]

4）普及型免震

テーマ4：

「普及型免震」では、多少の性能低下はいとわないとし、社会全体として免震構造の利点を享受できれば良いという考え方で、これらの免震システムも次世代免震の一つであるとしています。たとえば、積層ゴム支承が出現する以前は、すべり支承が主要な免震部材で基礎すべり構法があります。この構法は、調査、検討の結果、ある程度の残留変形を許容すれば、巨大地震においても適用が可能であることが報告されています。

5）吊り免震システム

この報告書に記載はありませんが、最近の高性能免震として「吊り免震システム」があります。建物全体

を支持する支柱構造体の頭部に吊り材を介して建物を結合し振り子構造としたものです。塔頂免震構造とも呼ばれ、写真5に示す建物は、さらに塔頂部に免震部材を設けることで水平方向の免震効果と振り子長さを長くする効果を用いて高い免震性能を得ています。

安全安震館の全景　　　　頂部免震装置

写真5　頂部免震部材を用いた安全安震館 [2]

（2）免震技術の新たな利用方法

一方、高機能免震を開発するだけでなく、テーマ4:「普及型免震」の考え方からは、次世代免震の可能性が多々見られます。従来の免震システムと多くの新しい付帯技術を組合せて新しい免震システムを構築する方法があります。その例として「免震レトロフィット（改修）」や「人工地盤免震」などがあります。「免震レトロフィット（改修）」は、耐震補強構法として採用されており、多くの実績があります。免震システムも従来のものですが、在来の建物を免震化するために、その都度新しい付帯技術が導入されています。

1）免震レトロフィット

最近の例として、大阪の通天閣などがあります。既存の鉄塔構造に免震部材を取付ける方法は、写真6に示すように新築の施工技術にない多くの技術が導入されています。

2）人工地盤免震

「人工地盤免震」は、数棟をまとめて免震化することを可能とした技術です。多数の建物を支持する地盤を広大なコンクリート基礎などで代用し、その広大な基礎下に免震システムを設けます。この事例としては、相模原市営上九沢住宅などがあります。

（3）免震技術への期待

積層ゴム支承

2代目改修前　　　　ジャッキ&ロックダンパー

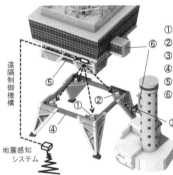

①：天然ゴム系積層ゴム支承
②：ジャッキ&ロックダンパー®
③：すべり支承
④：コンプレッションガーダ
⑤：テンションガーダ
⑥：じゃばらエキスパンション

遠隔制御機構

地震感知システム

写真6　通天閣レトロフィット [6]

このような最新技術は、限られた建物に採用されているものの、今後の技術革新や周辺関連分野との技術統合により、一層身近なものとなります。報告書では、「将来は大容量・高速の情報通信技術を用いて高度に制御された応答制御建物の実現も可能であり、夢ではなく、人々の暮らしが大地震や台風による被害から解放され、より安心なものへと発展することでしょう。」とあります。

参考文献
1）次世代免震システムの検討委員会活動報告書, 2021, JSSI
2）清水建設　提供
3）構造計画研究所　提供
4）安井建築設計事務所　提供
5）大林組　提供
6）竹中工務店　提供

1.16 免震部材の種類によって、履歴特性に違いがありますか

（1）履歴特性とは

免震部材の種類によってその役割が違い、ダンパーは建物の揺れを小さくする役割を担っています。ダンパーが負担する力は変位に応じて変化しますが、この力と変位の関係を履歴特性といいます。ダンパーの種類により特徴を有しており、減衰効果が異なってきます。

また、ダンパーは、温度や速度（振動数）など各種依存性を有し、条件により履歴特性が変化することから、免震部材の選定においては、その各種依存性を理解して目的に合ったものを選定することが必要です。

（2）免震部材の履歴特性

① 鉛プラグ入り積層ゴム支承

鉛プラグがせん断降伏することにより剛性が低下するbi-linearの特性を示します。温度変化により、降伏耐力や剛性が変化しますが、速度（振動数）依存性はほとんどありません。

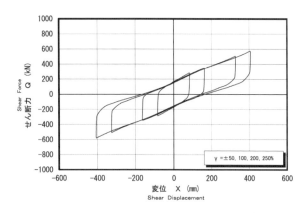

図1　鉛プラグ入り積層ゴム支承の復元力特性 [1]

② 高減衰ゴム系積層ゴム支承

高減衰ゴム系積層ゴム支承はメーカーによってゴムの配合が異なり、履歴特性は様々ですが、一般的に水平変形が大きくなると、鉛プラグ入り積層ゴムに比べて剛性低下が大きくなる傾向に

あります。また、鉛直荷重（面圧）が大きい場合には、S字のような履歴特性を示します。

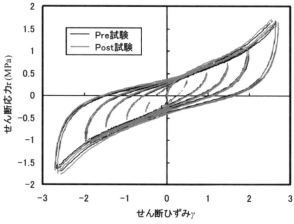

図2　高減衰ゴム系積層ゴム支承の復元力特性 [1]

また、高減衰ゴム系積層ゴム支承の特徴として、水平2方向に位相差をもって加力した場合、積層ゴムにねじれ変形が蓄積され、1方向加力の場合に比べて破断性能が低下することが知られています。

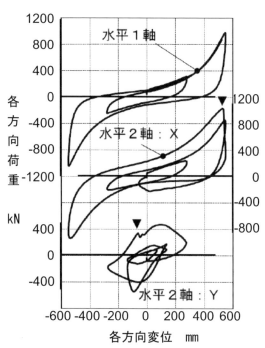

図3　高減衰ゴム積層ゴム支承の2方向加力の試験結果 [2]

③ 弾性すべり支承

摩擦力が切れると一定の荷重を保持して変形が進み、ほぼ矩形の履歴性状を示します。面圧による依存性がありますが、摩擦係数が大きい場合には、大きな減衰力を発揮します。

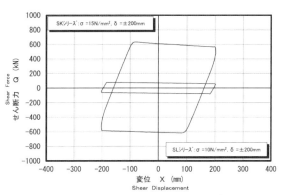

図4 弾性すべり支承の復元力特性 [1]

④ オイルダンパー

速度に比例した力を発揮し、履歴曲線は楕円となります。また、ダンパーに一定以上の力が加わると、リリーフ弁が開き荷重が増えなくなるため、楕円の上下が切られたような形となり過大な力が作用しない機構になっています。

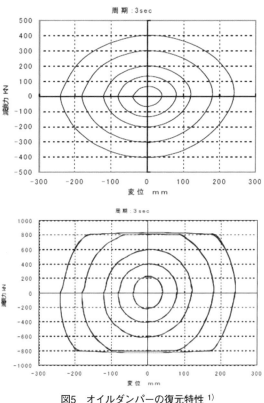

図5 オイルダンパーの復元特性 [1]

⑤ 鋼材ダンパー

ダンパーの配置に方向性があるため、小振幅時に方向により若干の違いがありますが、鋼材の降伏により、安定した、紡錘型を示します。

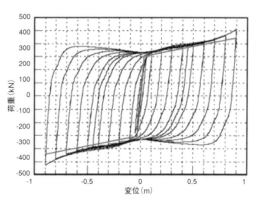

図6 鋼材ダンパーの復元力特性 [1]

⑥ 鉛ダンパー

初期剛性が高く、大きな履歴特性を有します。また、ダンパーの形状に方向性があるため、方向により履歴特性に違いがあり、変形が大きくなると、耐力が高くなる傾向があります。

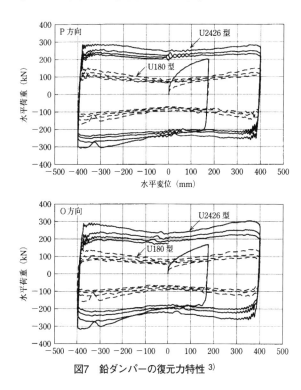

図7 鉛ダンパーの復元力特性 [3]

参考文献

1)「時刻歴応答解析による免震建築物の設計基準・同マニュアル及び設計例」, 2018, JSSI

2) 山本雅史, 嶺脇重雄, 米田春美, 東野雅彦, 和田 章：高減衰積層ゴム支承の水平2方向変形時の力学特性に関する実大実験およびモデル化, 日本建築学会構造系論文集 第74巻 第638号, p640

3) 免震構造 −部材の基本から設計・施工まで− 第2版, JSSI 編, 2022, オーム社

1.17 免震部材の性能試験はどのように行われますか

免震構造は、免震部材の性能がそのまま建物の耐震性能に大きく影響するため、個々の免震部材の性能の確からしさを、性能試験によって確認する必要があります。

そのため、免震部材の受け入れに関しては、性能確認試験が実施されています。

製品検査は、全数の実験が原則ですが、鋼材系のダンパーなどにおいては、塑性化してしまうため、材料検査によりその性能を類推する方法が取られています。性能検査の例を表1〜3に示します。

免震構造は大規模な建物に用いられるようになり、部材は大型化されてきていますが、従来の準静的大型試験機では、大きな鉛直荷重を載荷できますが、水平方向には低速度（約2cm/sec.）での試験に限定されていました。また、小型の試験機であれば高速度で 水平載荷することができますが、作用できる鉛直軸力が小さいので動的な性能確認は縮小試験体にしか対応していませんでした。そのため、「実大の免震部材の静的な性能」と「縮小試験体の動的な性能」を基に、技術者の高度な判断と、実大の免震部材の動的な性能を外挿によって予測する、ということが長く行われてきました。

そこで、日本免震構造協会などが、実大免震試験機の必要性を説き、国の支援により令和4年度に実大免震試験機が完成しました。

これにより、多くの免震部材・制振部材について地震時の性能を直接調べることが可能になります。

表1　積層ゴム支承の性能検査（例）

	検査項目			検査方法	検査頻度	判定基準	処置
性能検査	鉛直特性確認試験		鉛直剛性Kv	製作者取得の認定による	全数	設計値±20%（設計値±30%＊2）	再製作
	水平特性確認試験	RB	水平構成 Kh			設計値±20%	
		LRB SnRB	降伏後剛性Kd			設計値±20%	
			降伏荷重Qd			設計値±20%	
		HDR	等価剛性Keq			設計値±20%	
			等価減衰定数Heq			設計値±20%	

表2　鋼材ダンパー（U型）の性能検査（例）

	検査項目	検査頻度	判定基準	処置
性能検査	一次剛性	2年に一度の抜取り	設計値±10%	—
	降伏荷重		設計値±10%	
	限界変形性能		限界変形量で5サイクル以上破断しないこと	

表3　オイルダンパーの減衰性能検査（例）

	検査項目	検査頻度	判定基準	処置
減衰性能検査	減衰力-速度性能	全数	設計値±15%	補修

1.18 日本免震構造協会（JSSI）は、どんな活動をしているのですか

一般社団法人日本免震構造協会（The Japan Society of Seismic Isolation（JSSI））は、免震構造等の適正な普及と技術向上を目的に、任意団体として1993年6月17日に発足しました。その後、更なる活動の充実を図るため1999年4月1日に国土交通省住宅局所管の公益法人（社団法人）へ移行しました。公益法人制度改革関連法の施行に伴い、2011年8月1日に内閣府の認可を受け、一般社団法人に移行し現在に至っています。

本会は、免震構造・制振構造の健全な普及のために技術者や研究者が集り、免震構造・制振構造等の応答制御構造（以下「免震構造等」という。）に関する調査研究を行なっています。

協会設立後、逐次免震・制振構造に関する調査研究を重ね、設計、施工、部材関係、維持管理関係等の規準を作成しました。これらに基づき、講習会・現場見学・研修会及び講演会等を実施し、技術者養成並び技術指導にあたり、免震・制振建築に対する啓発普及を図っています。免震・制振建築の適切な施工、維持管理点検の技術者育成を目的とし、2000年には免震部建築施工管理技術者の資格制度を、2003年には免震建物点検技術者の資格制度を発足いたしました。また、2004年には国土交通省より指定性能評価機関と

しての指定を受け、免震部材・免震建築の性能評価業務も行っています。

協会の組織は理事・監事と審議員及び事務局で構成されています。

会員は第一種正会員、第二種正会員（研究者）、賛助会員（企業）、特別会員で構成されています。会誌購読を希望される方向けに、免震普及会を設けています。

協会では以下のような委員会を設けて免震・制振関連の技術や情報の収集や展開を図っています。

技術委員会

免震・制振構造の設計法・施工法に関する調査研究、その他普及に必要な技術課題の検討、技術書籍の刊行

普及委員会

社会・公共に対する免震・制振建築の普及活動の推進と企画
関連のメディアの展開と各種事業の計画

国際委員会

免震・制振構造の国際的な技術的向上を目指し国際組織との協力を行い2013年から世界の地震多発国（24国）とワークショップを開催、技術書籍（英語版）の刊行

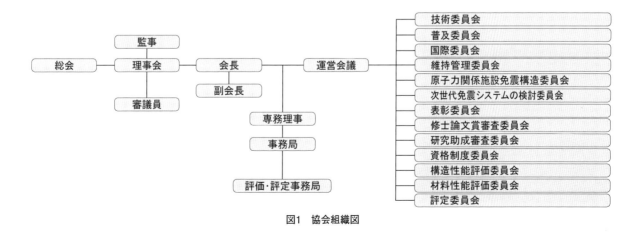

図1　協会組織図

維持管理委員会
免震構造の維持管理基準の作成

原子力関係施設免震構造委員会
原子力関係施設への免震構造のより迅速な実機適用の促進を目的とした検討と関連書籍の刊行

表彰委員会
すぐれた免震・制振構造物および技術等に対する顕彰
表彰は「功労賞」「技術賞」「作品賞」「業績賞」および「普及賞」

修士論文審査委員会
建築構造物を対象とした免震・制振などの建物応答制御に関する修士論文のうち、優れた研究活動に対する顕彰

資格制度委員会
本協会認定「免震部建築施工管理技術者」・「免震建物点検技術者」講習・試験の実施および資格者の認定・登録証の発行・更新講習会の実施

構造性能評価委員会
建築基準法第20条第一号(同条第二号ロ、第三号ロ、及び第四号ロに掲げる場合を含む)の規定による、免震・制振建築物等の時刻歴応答解析を用いた建築物、または高さが60mを超える超高層建築物の性能評価業務

材料性能評価委員会
建築基準法第37条第2項の認定に係る免震材料等の建築材料の性能評価業務

評定委員会
建築基準法に基づかない、建築物または工作物の構造方法及び免震・制振部材の性能を評価する構造・材料評定業務、並びに耐火免震材料一覧に係る耐火評定業務

その他の活動
免震・制振技術に関する講習会・見学会及びイベントなどの実施
(例)
『わかりやすい免震構造の設計』(初級編・中級編・演習編)
『中高層建物の制振設計に関する講習会』〜各種ダンパーを用いた実建物の設計事例紹介〜

ホームページにて免震・制振情報を掲載
免震・制振入門では、博士と子どもたちのガイドで、免震・制振技術や免震・制振装置についてやさしく解説
「免震・制振構造」について学べる資料としてもご活用いただけます。

季刊誌の発刊
会誌「MENSHIN」を年4回発刊しています。
主な内容は巻頭言、免震・制振建築紹介、免震・制振建築訪問記、シリーズ—免震・制振部材、特別寄稿などです。
発刊後2年経過した会誌は電子版にて当協会ホームページより閲覧可能です。
https://www.jssi.or.jp/journal-2

免震・制振技術に関する技術書や基準書などの発刊

免震・制振に関する相談もjssi@jssi.or.jp(国内)、contactjssi@jssi.or.jp(海外)を介して行っています。

第2章

免震建築の計画

2.1 免震建築に適した建物用途はありますか

阪神・淡路大震災以後、免震の効果が認められるようになり、各種用途の免震建築が建設されています。あらゆる用途の建物に免震建築の適用は可能ですが、図1および以下のような用途の建物には免震構造が特に有効と考えられます。
実際に東日本大震災では、免震構造の消防署、病院、原子力施設などが十分な機能維持効果を発揮しました。

（1）庁舎、消防署、警察署、放送施設、本社施設

被災後、緊急対策や通信の防災拠点として役割を果たすこれらの建物の収容物を含めた被害を最小限にとどめ、直ちに建物機能を回復できるようにします。

（2）病院、老人・障害者施設

固定が困難な診療・検査機器や散乱しやすい医療器具・薬品を被害から守り、被災後直ちに緊急医療や避難救護の拠点としての役割を果たします。

（3）研究所

いったん失われると、再現が困難な貴重な研究資産、危険な薬品類、高価な実験研究機器を被害から守ります。

（4）データセンター

コンピュータ機器だけでなく、設備も同時に守り、データセンターの機能を維持します。

（5）美術館、博物館、図書館

歴史上かけがえのない貴重な遺産や美術品・書籍を被害から守ります。

（6）原子力関連施設、危険物貯蔵庫

放射能や危険物とそれらを収容する施設を被害から守り、二次災害の発生を防ぎます。

（7）集合住宅、戸建住宅

人命とともに建物・家具などの資産を守り、居住者を地震に対する不安感から開放します。

（8）文化財、歴史的建造物

既存の建物に免震部材を後付けする免震レトロフィットと呼ばれる構法により、古い貴重な建物を現状の姿を残しながら、地震の被害から守ります。

（9）物流倉庫、冷蔵倉庫

最近は単なる倉庫ではなく、システマティックな在庫管理や出荷システムを備えた倉庫が増えており、機能面での維持が求められるようになりました。

（10）生産拠点（工場）

精密機器を製造する工場や生産ラインを止められない工場などに採用されています。

住宅
安心と安全の生活

病院
救急医療、避難救護の拠点

消防署・官公庁・学校
緊急対策や通信の防災拠点

図1　免震構造が特に有効な建物

2.2 免震建築はどんなところでも建てられますか

普通の建物が建てられるところであれば免震建築も建てられます。

従来、免震構造は軟弱地盤や液状化の可能性のある地盤には不向きであるといわれてきました。図1に示すように、軟弱地盤や液状化しやすい地盤（第三種地盤）は、良好な地盤（第一種地盤）に比べ地震動が長周期化します。建物の固有周期を長周期化させる免震建築の場合、軟弱地盤や液状化しやすい地盤の上では、在来建物に比べ建物に作用する地震力が大きくなる場合があります。

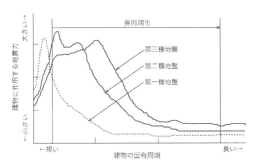

図1　建物の固有周期と地震力の関係（地盤種類ごと）

しかし、地盤の特性を評価し、適切な地震入力レベルを設定したうえで、

① 長周期化した地盤の周期と免震建築の固有周期が近づかないように、免震建築の固有周期をより長くする。

② 大きくなった地震力に対して免震部材の変形能力を高めるとともに、免震クリアランスをより大きくとる。

③ ダンパー量を増やし減衰力を大きくして、建物の揺れを小さくする。

といったことにより、軟弱地盤や液状化地盤においても免震効果を発揮することができます。近年、免震部材の技術開発が進み、免震部材の性能が向上してきましたので、上記のような免震建築を設計することは十分可能です。

軟弱地盤に建設する場合には不同沈下対策

を、地震時に液状化の可能性がある地盤に建設する場合には液状化対策などを講じる必要があることは、一般耐震建築の場合と変わりありません。ただし、免震建築は水平剛性の非常に小さな免震部材で建物重量を支持する構造形式であるため、基礎に不同沈下や傾斜が生じると、免震部材に曲げ・せん断・ねじれなどの力が作用し、免震建築の優れた耐震性能に悪影響を及ぼすことになります。したがって、軟弱地盤や液状化地盤に免震建築を設計する場合には、免震部材の設計に加え、下部・基礎構造の設計にも十分な配慮をしなければなりません。なお、平成12年建設省告示第2009号「免震建築物の構造方法に関する安全上必要な技術的基準を定める等の件」（以下「平12免震建築物の告示」）第6の計算方法による場合は、第一種地盤または第二種地盤で液状化しない地盤に限られます。

また、最近特に懸念されるようになってきた問題として長周期地震動があります。長周期地震動とは地震波に含まれる長周期の震動が減衰することなく遠方まで伝播する現象で、固有周期の長い超高層建築や免震建築に共振による被害を及ぼす可能性が考えられます。

免震建築では前述の①から③の対策を十分に行うことが、建物を長周期地震動から守ることにつながります。

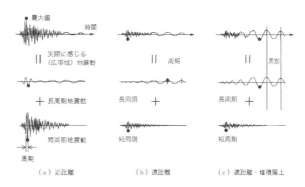

図2　実際に感じる地震動と短周期および長周期震動との関係[1]

参考文献
1) 長周期地震動予測地図、2012年試作版 P.5
（地震調査研究推進本部）より抜粋

2.3 免震建築には規模・階数に制限が ありますか

免震建築には、基本的に建物規模・階数に関する制限はありませんし、免震建築はさまざまな規模・階数の建物に適用されています。

高層建築に免震構造を適用する場合、以下の点に配慮する必要があります。なお、平成12年建設省告示第2009号の第6の計算方法による場合は、高さ60 m以下、免震層は基礎免震によるなどの制限があります。

(1) 塔状比が大きい建物

建物の幅高さ比が大きいスレンダーな建物は、地震時の転倒モーメントによる柱の変動軸力が大きくなるため、免震部材に引張力が生じやすくなります。このような建物に免震構造を適用する場合には、免震の周期を十分長くして、上部構造への地震入力を減らすこと、軸力を建物両端に集めて免震部材の鉛直力を大きくすることなどにより、免震部材に過大な引張力を生じさせないなどの配慮が必要です。

写真1は神戸市に建設された地上54階建ての超高層免震マンションです。図1に示すように建物両端部のスパンを長くして端部の長期軸力を大きくし、免震部材に引張力を生じさせない工夫をしています。

(2) 上部構造の水平剛性が低い建物

上部構造の水平剛性が高い場合、免震建築の上部構造は剛体的に運動し、建物の高さ方向にほぼ一様に加速度・地震力・層間変位を低減することができます。

一方、上部構造が鉄骨造の純ラーメン構造のように、水平剛性が低い場合には、下層に比べて上層の応答が大きくなり、上層に行くに従い、免震効果が薄れることになってしまいます。

このような場合には、ブレースなどを配置することなどにより、上部構造の剛性を高め、上層部の応答増大を抑えるといった配慮が必要です。

写真1　建物外観 [1]

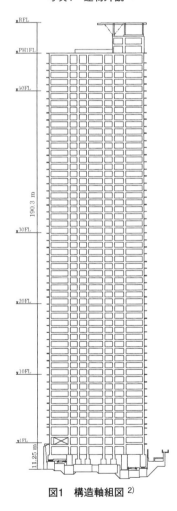

図1　構造軸組図 [2]

参考文献
1) 小泉融　提供
2) 織本構造設計　提供

36

2.4 既存建物の免震改修 （免震レトロフィット）はできますか

既存建物の耐震補強方法の一つに、免震構造を適用する方法があり、免震レトロフィットと呼ばれています。

文化的価値の高い歴史的建築に対して、現在の基準以上の耐震性を付加するとともに、建物の外観、意匠、内部空間を変えることなく補強できる最適な方法が、免震レトロフィットともいえます。

写真1、図1は、山梨文化会館での免震レトロフィットの事例です。丹下健三氏の意匠が特徴である円筒柱をオリジナルの姿で継承するとともに、文化会館としての耐震性、機能性を免震レトロフィットにより実現しています。もし、免震レトロフィット以外でこの建築が補強されたならば、建物外周部や内部にブレースや耐震壁が付加されるなどして、外観および使用性が大きく変わったことでしょう。

また、長寿命建築、持続性に富む建物、周辺環境への影響配慮などの、昨今の地球環境重視の思考からも、古い建物をできる限り壊さず免震化して、リニューアルする計画も最近よく目にします。

免震レトロフィットは、免震構造化することで建物に作用する地震力を低減させ、既存建物にほとんど構造補強を加えることなく、現行耐震基準以上の耐震性を確保する方法です。1995年に施行された耐震改修促進法の趣旨を受けて免震レトロフィットを採用し、建物を使用しながらの補強を行うケースも多くあります。免震レトロフィットでは、建物下部に免震層を新設して鉛直支持機構を置き換える必要があるため、基礎工事、地下工事はかなり大がかりなものとなります。

特に、深い地下室を有する場合などは、中間層免震の採用による免震レトロフィットも行われています。

写真1　山梨文化会館 [1]

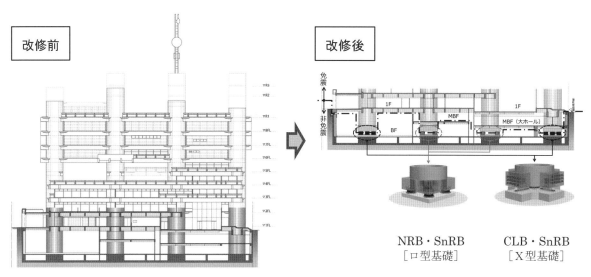

図1　免震化前後の建物断面 [2]

写真2は、保存復原工事が完成した東京駅丸の内駅舎です。建設当時の 3階建てに戻されるとともに、鉄骨煉瓦造の既存建物の下を免震レトロフィット化し、さらにその下に地下階を新たに設けています。

表1は、これまでに行われた免震レトロフィットの用途別件数を示しています。

写真2　東京駅丸の内駅舎 [3]

表1　免震レトロフィット用途別件数 [4]

用途	寮・寄宿舎	集合住宅	事務所	研究施設	工場	物流倉庫	電算センター	通信施設放送局	病院診療所	福祉施設老人ホーム
件数	2	9	34	4	1	0	1	3	4	1
用途	学校体育館	図書館美術館博物館	ホテル	店舗商業施設	警察署	消防署・防災施設	宗教建築	庁舎	その他	合計
件数	10	7	1	5	2	0	14	77	9	184

参考文献
1) 会誌「MENSHIN」97号 p7, 2017, JSSI
2) 織本構造設計　提供
3) 芳澤利和　提供
4) 免震レトロフィット用途分類
　（JSSI会員データ集積）

2.5 免震建築には建築計画上特に配慮することはありますか

免震建築が一般耐震建築と大きく違う点は、免震層という水平方向に大きく変形する部分があることです。これにより、免震建築は高い耐震安全性を得ることができるわけですが、免震層があることにより、下記のような一般耐震建築にはなかった設計上の配慮、特に建築計画だけではなく、設備計画、施工計画においても十分な配慮が必要になります。

① 免震層の変形に対応したクリアランスを確保するため、建物配置のうえで工夫が必要であるとともに、免震層を貫く階段やエレベーターピットには平面計画上で配慮する（図1）。

② 出入口、犬走りおよび隣接建物との境界部などにエキスパンションジョイントを設け、変位追随型とする（写真1）。

③ 免震層を貫通する設備配管を可撓型とする（3章4節参照）。

④ 免震層となる空間を設ける。

⑤ 基礎免震の場合、根切りや山留めなどの地下工事が増す。

ただし、上記の項目に対して種々の工夫がなされたディテールが提案され、実際に設計および施工されています。

上記のほかに、積層ゴム支承には引張力を生じさせないことが基本です。したがってアイソレータに引張力を生じさせない架構計画にするには塔状比（高さ/底辺幅：アスペクト比）が重要です。ただし、アイソレータ基数を減らして軸力を集めた配置計画の工夫などで、塔状比の大きなスレンダーな建物への適用も十分可能です。

また、免震建築にすることで大地震時の床応答加速度（地震時の床の揺れ）が大きく低減でき、安心安全な建築が可能となりますが、特に中間層免震構造の場合は、免震下部で床応答加速度が大きくなりやすいため、家具や天井材の振れ止めなどの対策が必要となる場合もあります。

図1　基礎免震の場合の階段、エレベーターピット、
擁壁と犬走り

写真1　出入口（エキスパンションジョイント）の例[1]

参考文献
1）中村幸悦　提供

2.6 免震建築の安全性は どのくらい高いのですか

地震による建物の被害程度は、主に建物の水平方向の変形量(各階の柱の傾き量)と建物の加速度からある程度予測できます。各階の建物の変形量が大きくなると、建物を構成する柱・梁・壁・床の被害が増大し、またエレベーターシャフト・シャッター・ドア・窓ガラス・カーテンウォールなども変形を受けることになるので、多大な被害が予想されます。加速度が大きい場合も、本棚、コンピュータ、家具などの建物に固定されていない備品の転倒被害だけでなく、揺れに弱い設備機器などにも被害が生じます(図1)。また、これらの被害が引き起こす二次的な災害として、火災のおそれもあります。

阪神・淡路大震災や東日本大震災での被害例が示すように、現在の耐震設計法は、大地震時に人命は保障できても、建物や備品などの修理・補修に多額の費用がかかり、その経済的な損失は非常に大きいことが判明しました。

免震構造は、免震部材により地震の揺れを建物にほとんど伝えないようにする構造です(図2)。したがって、建物の変形量と加速度の両方を大幅に低減することが可能です。文献「免震構造設計指針」(日本建築学会)より、東日本大震災時に、仙台市内にある東北大学内の免震実証建屋及び併設されている基礎固定建屋において地震観測記録が得られ、両建屋で得られた記録を比較しています。屋上階の応答加速度について、免震建屋は耐震建屋に比べて1/3〜1/2に低減していることがわかります。(写真1)(図3)

具体的には(表1)のように、震度5〜6弱程度の大地震に対しほとんど無被害、かつ震度6強以上の巨大地震に対しては軽微な被害の耐震性能を実現する構造です。このように、免震建築は一般耐震建築に比べ非常に高い安全性を有しています。

写真1　建物外観

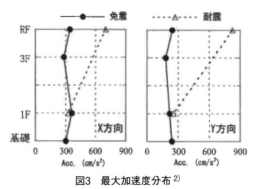

図3　最大加速度分布[2]

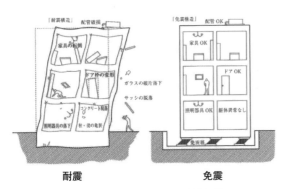

耐震　　　　　　　免震

図1　耐震と免震の地震時想定状況[1]

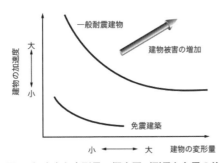

図2　加速度と変形量の概念図 (耐震と免震の比較)

表1　耐震と免震の耐震性の比較

地震の強さ	震度	一般耐震建築	免震建築
小	5弱以下	無被害または軽微な被害	無被害
中	5強〜6弱	部位によって損害があるが、補修によって使用可能	無被害
大	6強〜7	各部材の損傷が大きく、場合によっては大がかりな補修を必要とする →継続して使用できない可能性がある	無被害または軽微な被害 →地震後の生活の安定を守る

参考文献
1) 免震構造 ー部材の基本から設計・施工までー (第2版), 2022, JSSI編, オーム社
2)「免震構造設計指針」, p457, 459, 2013, 日本建築学会

2.7 免震建築の機能性・居住性は どのくらい高いのですか

免震建築は、地震時の建物の加速度と層間変形量を大幅に低減することにより、建物自体および建物内の設備機器・ライフラインなどの被害を最小限に抑え、その建物が果たすべき機能を保持します。したがって、免震建築は、文献「官庁施設の総合耐震・対津波計画基準及び同解説 令和3年版」(国土交通省)より、耐震安全性の目標(表1)のなかで、すべての部位で最高のランク(Ⅰ類、A類、甲類)を満たすことができます。

免震建築は大地震に対して、機能保持や収容物の保全が重要な施設、すなわち行政機関や病院など災害時の重要な拠点や危険物を貯蔵する施設、多数の人が利用する施設に、特にその効果を発揮します。東日本大震災の被災地では、免震建築が支援活動の拠点として大きく貢献し

ました。具体的には、庁舎、消防署、病院、エネルギー供給施設、電算センター、倉庫、美術・博物館、学校、精密機械の生産施設、本社ビル、マンション、戸建住宅など、機能性を確保するための免震建築の採用はさまざまな分野で広がっています(図1)。

表2に期待される免震効果の目標性能を示します。免震建築は安全性・修復性・使用性に対して、大地震時にほぼ無被害となる性能を満足することが可能です。日常の遮音性・防音性・揺れなどに関する居住性については、一般耐震建築と変わりはありません。一般耐震建築との違いは小さな地震動ではほとんどわかりませんが、地震が大きくなると一般耐震建築は激しい揺れを感じるのに対して、免震建築はゆっくりした揺れを感じる程度です。なお、免震建築は強風時に揺れるおそれがあるので、ダンパーの量を増すなどして揺れを感じないような対策を行う場合もあります。

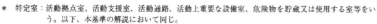

表1 耐震安全性の目標 [1]

部 位	分 類	耐震安全性の目標
構造体	Ⅰ類	大地震動後、構造体の補修をすることなく建築物を使用できることを目標とし、人命の安全確保に加えて十分な機能確保が図られている。
	Ⅱ類	大地震動後、構造体の大きな補修をすることなく建築物を使用できることを目標とし、人命の安全確保に加えて機能確保が図られている。
	Ⅲ類	大地震動により構造体の部分的な損傷は生じるが、建築物全体の耐力の低下は著しくないことを目標とし、人命の安全確保が図られている。
建築非構造部材	A類の外部及び特定室*	大地震動後、災害応急対策活動等を円滑に行ううえ、又は危険物の管理のうえで支障となる建築非構造部材の損傷、移動等が発生しないことを目標とし、人命の安全確保と二次災害の防止に加えて十分な機能確保が図られている。
	B類及びA類の一般室	大地震動により建築非構造部材の損傷、移動等が発生する場合でも、人命の安全確保と二次災害の防止が図られている。
建築設備	甲類	大地震動後の人命の安全確保及び二次災害の防止が図られているとともに、大きな補修をすることなく、必要な設備機能を相当期間継続できる。
	乙類	大地震動後の人命の安全確保及び二次災害の防止が図られている。

* 特定室：活動拠点室、活動支援室、活動通路、活動上重要な設備室、危険物を貯蔵又は使用する室等をいう。以下、本基準の解説において同じ。

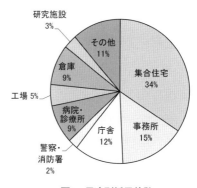

図1 用途別採用件数
最近5年における用途割合

研究施設 3%
その他 11%
倉庫 9%
工場 5%
病院・診療所 9%
警察・消防署 2%
集合住宅 34%
事務所 15%
庁舎 12%

表2 期待される免震効果の目標性能

基本構造性能	安全性 (人命の確保)	修復性 (財産の保全)	使用性 (機能性・居住性の確保)
構造骨組	鉛直支持能力を喪失しない	損傷しない	日常の使用に支障をきたさない
免震部材	限界変形以内に収まる	設計限界以内で、取換えなどの必要なし	変形・振動が日常の使用に支障をきたさない
非構造部材	脱落・破損しない	損傷しない	日常の使用に支障をきたさない
設備機器	転倒・脱落・移動しない	損傷しない	設備機器の使用に支障をきたさない
什器	転倒・脱落・移動しない	損傷しない	什器の使用に支障をきたさない

参考文献
1)「官庁施設の総合耐震・対津波計画基準及び同解説 令和3年版」(国土交通省)第2編 第1章 P.29
2)「免震建築物等の計画推移」(JSSI会員データ集積)

2.8 免震建築の経済性はどうですか

建物のライフサイクルコストには、イニシャルコスト（建設コスト）とランニングコストがあります。

図1に示すようにイニシャルコストについては、通常建物を免震にした場合、免震建築の設計費用と免震部材を含む免震層部分の建設・部材費が増加しますが、免震効果のため上部建物の建設費は下がります。一般的に低層ほどイニシャルコストがアップしますが、高層になるほど、その差はほとんどなくなります。

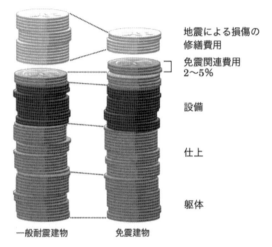

図1　免震建築と一般耐震建物のコスト比較

ランニングコストについては、メンテナンスコスト（維持管理費）と、地震が起こった場合の復旧コストに地震発生確率を掛けて求める地震被害の期待損失があります。

ライフサイクルを仮に50年と考えると、メンテナンスコストは免震部材の維持管理費にかかる費用分だけアップしますが、免震建築の普及に伴い、維持管理費にかかる費用はかなり少なくなります。

期待損失は、具体的には地震が起こった場合の建物躯体や仕上げ、設備・家具などの被害だけでなく、営業停止などによる営業損失などを定量化し、それに地震の発生確率を掛けて算出します。

図2は、地震リスクを考慮したライフサイクルコストの比較例です。一般に、免震建築は、一般的な建物に比べイニシャルコストが若干高いですが、

地震被害の期待損失が少ないので、建物の使用年数が長いほどライフサイクルコストが割安になります。地震の発生確率が高い日本では、免震建築のライフサイクルコストは、一般耐震建築に比べ安くなる例が多くなります。将来、免震建築の地震保険が安くなれば、この差はさらに広がります。

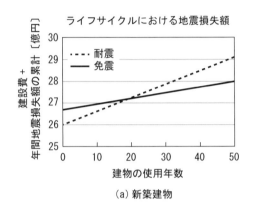

（a）新築建物

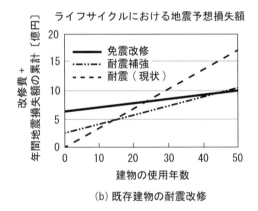

（b）既存建物の耐震改修

図2　地震リスクを考慮したライフサイクルコストの比較例[1]

免震建築は地震被害が少ないことから、最近増加している期限付き借地での採用にも有効です。また、ライフサイクルコストを小さくすることは、二酸化炭素の排出量にも関係が深く、地球環境の保全にも貢献します。

以上より、免震建築のコストはイニシャルコストのみで比較するのではなく、使用年数や建物の求める機能、社会性、など総合的な判断が必要となります。

参考文献

1)「社会環境委員会活動報告書」, 2007, JSSI

2.9 免震建築は風で動かないですか

(1) 風力を受ける免震建築

風荷重は建物の地上部に直接作用し、かつ一
般耐震建築に比べて、免震建築の免震層は水
平力に対して動きやすくなっているので、風の強
さにもよりますが、同じ規模の耐震建築に比べる
と免震建築は注意が必要です（図1）。また、風荷
重は静的な成分をもち、地震に比べ長時間建物
に作用することも特徴的です。さらに高層建築で
は、耐震建築に比べて風直交方向およびねじり
風荷重の影響が大きくなります[2]。辺長比1の鉄
筋コンクリート造の住宅（基礎免震）を対象とした
風荷重についての検討例を示します（図2）。これ
によると、免震の方が非免震に比べ風直交方向
荷重で特に大きく、アスペクト比4で風方向荷重
を風直交方向荷重が上回っています。

(2) 安全性の検証

一般的な設計による中低層建物の免震構造であ
れば、巨大な台風のときに免震層の変形が数cm
という動きに留まり、安全性を損なったりすること
はほとんどないと考えられます。
免震部材の種類によっては、静的外力に対して
クリープ変形を生じやすい、変位振幅、速度ある
いは温度などに依存性を有する、繰返し荷重に
よる疲労損傷や温度上昇に伴う減衰力低下があ
るといった特性をもつものがあります。これらのこ
とを念頭に、免震構造の風荷重に対する設計で
は、免震層の応答を予測し、応答に応じて免震
層や免震部材の安全性を検証するようにしてい
ます[2]。
風荷重の影響をうけやすい軽量の建築物や、超
高層建築物ではストッパーやトリガーで暴風のと
きの免震層の変形を抑制する方法を採用してい
るものもあります。

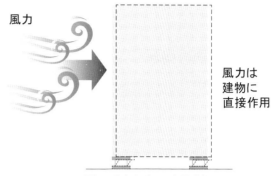

図1　風力を受ける免震建物

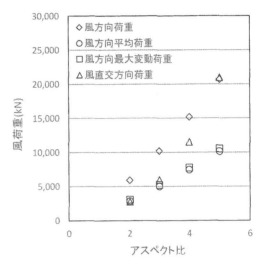

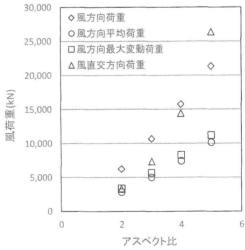

図2　風荷重の比較　（上:非免震、下:免震）[1]

参考文献
1)「建築物等の耐風設計法プロ入門」p161, 2022,
　日本建築センター
2)「免震建築物の耐風設計指針」, 2023, JSSI

2.10 免震建築は上下地震動に対して効果はありますか

（1）上下方向の揺れ

一般的に、免震建築は、水平方向の地震力低減を目的としています。これは、地震動の大きさが、水平方向の揺れが上下方向に比べて2倍程度大きい場合が多く、水平方向の揺れを大幅に低減することにより、地震時の建物の安全性を確保できると考えられています。一般に免震部材の性能は、水平方向の地震力の低減を主な目的としており、上下地震動そのものに対しての効果は期待できず、上下方向は、おおむね耐震構造と同様の揺れとなります。設計においては、上下地震動の揺れによって免震部材に生じる軸力も考慮して、安全性を確保するようにしています。

（2）上下方向の免震

しかし、建物の用途などにより、上下動も低減する必要となる場合もあります。このような建物は、上下方向にコイルばねや粘性ダンパーなどを入れることにより建物全体を上下方向に免震にしたり、図1のように特定の階の床振動を低減するために上下方向の揺れを抑える制振装置などを入れることによって対応することも可能です。
やや特殊な例では、上下方向も免震効果を発揮する3次元免震建物というのもあります（写真1）。免震部材として、水平方向は積層ゴムアイソレータ、上下方向は積層ゴムアイソレータの下に鉄骨架台を組み、これらを空気ばねで支える構造です。空気ばねがせん断力を負担し過ぎないよう、上下方向に摺動しながら建物のせん断力を基礎へ伝えるスライダー（せん断力伝達装置）を採用しています。また、建物の地震時のロッキング運動を押さえるために、オイルダンパーを配管により建物の対角線上にたすき掛けしてつなぐ構造としています（図2）。

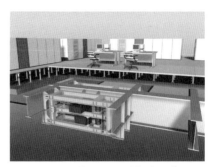

図1 床用上下動制振装置[1]

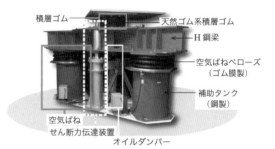

積層ゴム — 天然ゴム系積層ゴム
H鋼梁
空気ばねベローズ（ゴム膜製）
補助タンク（鋼製）
空気ばね
せん断力伝達装置
オイルダンパー

写真1 3次元免震装置[2]

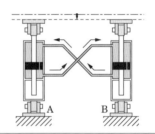

上下動に対して

・配管の油は同じ方向に流れ上下方向に抵抗なく動く
・減衰は配管抵抗による

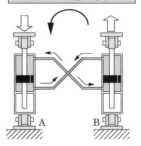

ロッキング動に対して

・配管の油の流れは反発しロッキング動は抑制される
・減衰はオイルダンパの絞りによる

図2 ロッキング抑制オイルダンパー機構[2]

参考文献
1）三菱重工機械システム提供
2）会誌「MENSHIN」78号p 18, 2012, JSSI

2.11 軽量な建物の免震化は どのようにして実現するのですか

(1) すべり系、転がり系支承

軽量な建物を免震化する場合に、積層ゴム支承のみを用いた免震層の構成では、建物重量（質量）に対して、水平剛性が大きすぎてしまうため、免震構造としての固有周期の実現がむずかしいことがあります。そのため、アイソレータとしてはすべり系や転がり系のものが多く用いられ、建物重量に見合うよう水平剛性を低減しています。

近年ではすべり系の免震部材のひとつに球面式すべり支承（図1）というものもあります。これは、振り子の原理を利用したもので、スライダーが上下にある曲面状のすべり板の間を振り子のように移動します。振り子の円弧の形状となっている曲

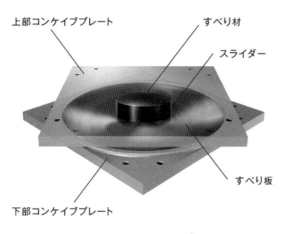

図1　球面すべり支承[1]

面を動くことで、上部構造によらず設定周期を実現します。建物重量の影響を受けないことから、軽量な建物に適用しやすい免震部材です。地震エネルギーを吸収しつつ建物を元の位置に戻せるので、免震層に必要な機能を有しています。また、各支点ごとに重量に見合った減衰（摩擦力）を得られることから、免震層の偏心も生じにくい特徴があります。

(2) 戸建住宅への適用

軽量な建物である戸建住宅への適用も1995年の兵庫県南部地震以降、増えています。日本において地震時の安全性に対する需要は多く、4000棟を超える免震戸建住宅が計画されています。戸建住宅は、強風時に動いてしまう可能性があるので、強風時に抵抗できるロック機構が必要です。この他に注意する点としては、一般の免震建築と同様に大地震時に建物が数十センチ動くので、隣地との空きが必要になります。また、免震部材は、定期的な点検が必要です。

参考文献
1) 日鉄エンジニアリングのカタログ

2.12 免震建築を利用者にどのように告知したらよいのですか

免震建築は、その機能を発揮させるために設計的な配慮がなされています。建物外周部など可動部に人が不用意に立ち入ると、地震時に思わぬ事故を招くことや、緊急時の救助隊の活動の妨げになることもあります。このため、免震建築は「免震建物」であることを告知しなければなりません。平成12年建設省告示第2009号の免震建築物の耐久性関係規定に免震建築の「出入口その他の見やすい場所に、免震建築物であることその他必要な事項を表示すること。」と規定されて

います。

具体的には図1のように建物内外に免震構造である表示をすることが有効です。利用者へのメッセージとして、大地震時の最大変位量、動きに対する注意、建物周囲に妨げになるような物を置かないことなどを記載します。表示場所は、目に付きやすい入口付近や建物周囲に設置することが望ましく、日常的に目にすることで、地震時の対処がスムーズにできると思われます。表示による告知とともに、植栽や侵入防止のフェンスやチェーンなどを設けて、建物の可動範囲に人が近づきにくいように侵入防止の配慮をすることも有効です（図2）

図1　免震建築であることの表示例 [1]

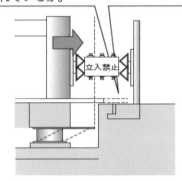

図2　侵入防止の例 [2]

参考文献
1) 免震建物の設備標準, 2020, JSSI
2) 免震建物の維持管理基準, 2022, JSSI

2.13 建屋免震と床免震とは どう違うのですか

免震というと、建物全体を免震化する方法が一般的ですが、貴重な機器が置かれる床や美術館用の展示ケースなど必要な部分のみ免震化する方法があり、これらの方法は「床免震」や「機器免震」と呼ばれ、広く活用されています。

図1に床免震の模式図例を示します。床免震は、建物床に置いた免震部材の上に、鉄骨などで組んだ床（免震床）を載せた二重床形式のもので、免震床周辺には免震床の動きを妨げないように、±30cm程度のクリアランス（エキスパンションジョイント）が設けられます。

「部分免震」とも呼ばれる床免震は、必要な部分のみ免震化できるため、コストも安く、工期的にも有利です。また、新築ビルだけでなく、既存ビル内の一部にも適用でき、事業継続計画（BCP）の一環としても需要が高まっています。

写真1は電算機室に床免震を採用した事例です。床免震に用いられる免震部材は、転がり支承やすべり支承を利用したものが主流ですが、積層ゴム支承や空気ばね、金属ばねを利用したものもあります。また、水平方向の揺れだけではなく、上下方向の揺れにも免震効果を発揮できる3次元床免震などもあり、床免震システムの種類はたいへん豊富です。

図2は、展示ケースを部分免震で免震化した事例のイメージ図です。地震が発生した場合、一般の展示ケースは激しく揺れますが、免震展示ケースはゆっくりと揺れて、中の展示物の損傷を防ぎます。このように必要な部分のみ免震化する床免震や機器免震は、下記のようなところに使われています。

- ・振動を嫌う制御室、電算機室および手術室
- ・工場内の重要な生産ライン
- ・美術品、貴重品収蔵庫
- ・美術館、博物館用展示ケースや展示台

なお、床免震システムには統一された技術基準がないため、採用に当たっては各メーカーの振動実験などでの結果を踏まえて十分検討する必要があります[1]。

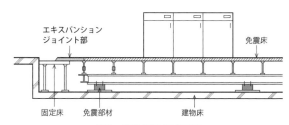

図1 床免震の模式図例

写真1 床免震の事例[2]

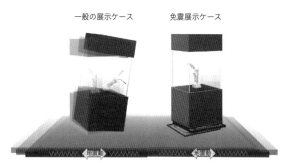

図2 機器免震のイメージ図[2]

参考文献
1)「設計者のための免震・制震構造ハンドブック」, 2014, JSSI編, 朝倉書店
2) オイレス工業カタログ

第3章

免震建築の設計

3.1 免震建築の意匠計画上の利点および制約はどうですか

(1) 免震建築の意匠計画上の利点
＜フレキシブルな空間形成＞

免震建築は、免震層で地震エネルギーの大部分を吸収するため上部構造への地震入力が小さくなります。一般耐震建築と比較して耐震壁やブレースなどの耐震要素を軽減することができ、建物外観や内部空間などの意匠計画において、耐震壁による制約を少なくすることが可能となります。たとえばテナントビル、病院、美術館などで、耐震壁の設置箇所を減らすことで、将来の間仕切り壁の変更ニーズに容易に対応できるフレキシブルな空間とすることもできます。

＜自由度の高い建築計画＞

建物の形状として、日影や北側斜線などの規制によりセットバックして立面形状が不整形な場合、または平面がL字形状でねじれ応答性状の確認が必要な場合（図1）、他に建物の片側に階段室や機械室などの鉄筋コンクリート造の壁が配置され剛性や荷重が偏在している場合などでは、地震力に対する構造設計上の条件により、建築計画に制約が生じることが多くあります。ただし、免震建築の場合は上部構造にはたらく地震力が大幅に

外観写真

平面図

図1　L字形状平面の免震建築・事例（外観写真・平面図）
深江竹友寮（設計・施工：竹中工務店）[1]

低減されることや、免震層の重心と剛心を一致した設計を行うなどの設計配慮により、上部構造の立面形状または平面形状が不整形であることは大きな問題にならずに自由度の高い建築計画と高い耐震性能の両立が可能となる場合が多くあります。さらに上部構造の地震時層間変位が一般耐震建築に比べて小さいため、外壁カーテンウォールの取付部材の設計が効率化されるなど経済的な設計も可能となります。

(2) 免震建築の意匠計画上の制約
＜地震時の免震層の変形を考慮した建築計画＞

免震建築は、地震時に免震層および上部建物が水平に大きく移動するため、敷地内の建物配置はこの変形量を考慮に入れた位置に配置する必要があり、また建物周囲に対する地震時の安全配慮が重要となります（3章2節参照）。法律では出入口などに免震建築であることの表示が求められています（2章12節参照）。

＜非免震部分との取り合い部＞

非免震部分との取合い部には、建物の地震時変形に追従するエキスパンションジョイントなどのディテールの検討が必要となります（2章5節参照）。

図2のように、地震時の上部建物やエキスパンションジョイントの動きから人をガードする手すりの設置や通行禁止処置を施すことが必要な場合もあります。建物内のエレベータシャフトの最下部が免震層内に配置される場合は、地震時も免震部材、躯体、設備、配管類と干渉しない配置とします。また中間層免震の場合は、免震層を貫通する階段やエレベータシャフトにも同様に水平クリアランスまたは変形追従機構が必要となります（3章5節参照）。

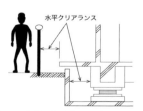

図2　可動範囲を手すりでガードした例

参考文献
1）竹中工務店　提供

3.2 免震建築は敷地いっぱいに建てられますか

(1) 敷地内の建物配置について

免震建築は地震時に免震層に大きな水平変形が生じ、上部構造がゆっくり水平方向に移動します。変形量は建物ごとに、また地震動により異なりますが、関東大震災クラスの大地震の場合は最大30〜50cm程度、あらゆる方向に動くことが想定されます。そのため敷地内での建物位置は、地震時に上部構造が水平移動した場合に敷地境界からはみ出さないように、変形量を考慮に入れて計画する必要があります。図1のように敷地境界より擁壁厚さと水平方向のクリアランス、その他必要事項を考慮して建築計画を行い、確実に施工することが重要です。

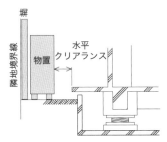

図1 隣地境界と建物の必要水平距離

(2) 水平方向のクリアランスについて

一般的には想定を超える大地震時においても、免震建築が外周部材と衝突・接触する現象を避ける計画とします。水平方向のクリアランスの目安は、設計想定を超える地震時も考慮し設計用地震時変形量の1.5〜2.0倍の寸法を確保することが望ましいとされています。通常の例では50〜70cm程度のクリアランスを設けていることが多いようです。「平12免震建築物の告示」の第6の計算方法による場合、必要クリアランスは、通行の用に供する場合は応答変位に80cmを加えた数値、人の通行のある場合は20cmを加え、その他の場合は10cmを加えることが規定されています(図2)。
図3は建物外周部の設備配管との関係の例です。建物外部からの引込み配管については、山留や外構との干渉チェックや免震建築の動きに追従した機構とするなどの十分な配慮が必要です。

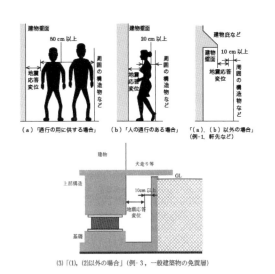

図2 「免震告示第6」の計算方法による場合の必要クリアランス[1]

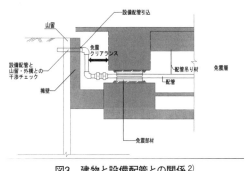

図3 建物と設備配管との関係[2]

(3) 外周部の計画・ディテール

地震時の免震建築の水平方向の移動により、建物外周部の安全性が確保できるような計画・ディテールとします。例として写真1、図4のように植込みなどを設けて人が近づけないような意匠的な解決方法も推奨されています。

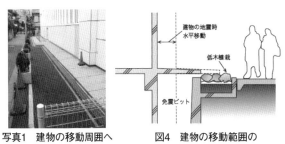

写真1 建物の移動周囲へ人が近づけない配慮の例[3] **図4 建物の移動範囲の意匠的解決方法の例**

参考文献
1) 免震建築物の技術基準解説及び計算例とその解説, p11, 2005, 日本建築センター
2) 免震建物の設備標準(第3版), 2020, JSSI
3) 会誌「MENSHIN」25号, 1999, JSSI

3.3 免震層の利用方法および安全対策は どうですか

(1) 基礎免震の場合
基礎免震の場合は、免震部材を設置する免震層を他の用途として利用しない計画が基本です。免震層は基礎部とみなされ、階や床面積に算入されず免震部材の防・耐火性も要求されません。

(2) 中間層免震の場合
免震層の有効利用を図るべく、駐車場や倉庫などに利用する例も見られます。この場合は免震層が一般階として扱われ、中間層免震となります。免震部材は柱の一部の位置づけとして所定の耐火性能が要求されます。標準的には免震部材用の耐火被

覆材を設置します(図1)。大臣認定を取得した製品が多くあります。耐火被覆材は地震時の免震部材の大変形や繰り返し変形に十分追従でき、かつ変形後も耐火性能が低下しないものとする必要があります。

建物の鉛直力を負担しないダンパー等は柱の扱いではないため、耐火性能を要求されない場合が一般的ですが、特にオイルダンパーは消防などの判断により油量に応じて耐火対策が必要な場合もあるので確認が必要です[2]。

図2は中間層免震で、防火区画により専用免震層を形成し、行政認可により免震部材の耐火被覆材を省略した事例です。防火区画壁には免震建築の変形に追従した専用の耐火目地材を利用するなど、免震建築の地震時変形への追従性を保持しながら免震層全体としての防火性能を確保することが必要となります。

(3) 免震建築の告示での安全性に関わる事項
免震建築の安全性に関わる事項として、「平12免震建築物の告示」に定める構造計算には耐久性などの関係規定が定められており、すべての免震建築に対して(3章11節参照)項目が適用されます。

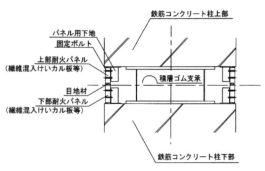

(1) 構造概要 (平常時)

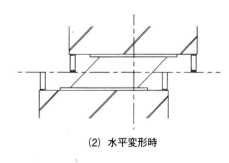

(2) 水平変形時

(3) 取付イメージ

図1 免震部材用耐火被覆材の例 (上下2分割パネル方式)[1]

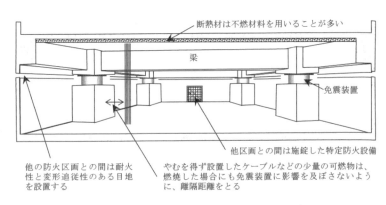

図2 防火区画による専用免震層の耐火処置例[1]

参考文献
1) 免震建物の耐火設計ガイドブック(第2版), 2019, JSSI
2) 「建築物に設置された免震用オイルダンパーの取扱いについて」平成28年3月23日 消防危第42号

3.4 免震層で設備配管および電気配線はどうしているのですか

(1) 免震層と外部を接続する設備配管等について

免震建築では、地震時に免震層に大きな水平変形が生じます。このため免震層と外部を接続する設備配管、空調ダクトおよび電気配線などの設備部材には、地震時の変形に追従する能力を持たせる必要があります。

設備配管については、可撓性(変形にしなやかに追従できる性能)のある免震継手を用いるのが一般的です。代表的な免震継手システムには、キャスタータイプ、ばね吊りタイプ、縦型タイプ、U字タイプなどがあります(図1)。免震継手の種別は、使用する流体種別、口径、耐圧条件、温度条件、許容変形量、耐用年数、重要度などを考慮して選定する必要があります。また、免震継手システムの機能を最大限に引き出すため、免震継手近傍の地盤側および建物側の配管は固定支持を行う必要があります。なお、雨水管など重

要度の低い配管については、より簡略なディテールとすることも可能です。

電気配線については、免震層の水平変形量以上の余長をとります。このとき配線の最小曲げ半径を確保できるように配慮する必要があります。

(2) 設備計画、施工、維持管理について

免震継手が確保すべき変形量や配線余長量は、建物ごとに異なりますので担当者と十分確認の上、関係者と確実に確保できるような設備計画、施工の実施が重要です。

また、免震継手の変形追従機構は平常時にはほとんど機能しません。したがって、建物所有者が免震継手の知識を持ちえないために、建物使用中に免震継手の可動スペース内に障害物を設置してしまうなどの人的不具合の発生が予想されます。免震継手においても図2のように可動範囲を明示することで、その範囲内への新設配管や物の設置を予防するなどの措置が必要です。

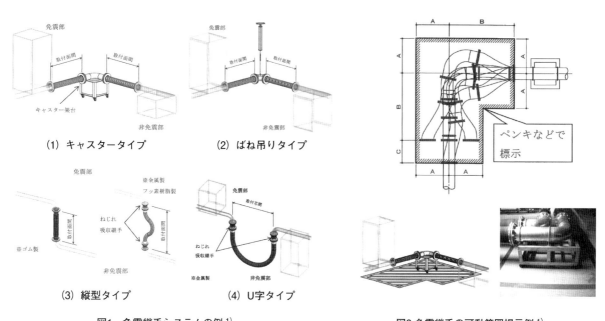

図1　免震継手システムの例 [1]

図2 免震継手の可動範囲掲示例 [1]

参考文献
1)「免震建物の建築・設備標準(第3版)」, 2020, JSSI

3.5 階段やエレベーターなどは免震層で どう対処するのですか

免震層を建物のどの位置に設けるかで、免震部分での対処方法のディティールは異なります。

(1) 基礎免震の場合

最も実施例が多い基礎免震の場合ですが、図1のように免震層へ下りる階段やエレベーターのピットは、免震層直上階の大梁や下り壁から吊り下げ、免震層の下部躯体から浮かせます。階段、エレベーターピットの周囲は、設計クリアランス以上のクリアランスを設けます。また、地震時の水平変形を阻害しないようクリアランスの範囲内に基礎、梁形、配管などの障害物がないように配

置します。将来の配管の増設などに対して、可動範囲を明示することでその範囲内への新設配管や物の設置を予防するなどの措置も必要です。

(2) 中間層免震の場合

エレベーターシャフトが免震層を貫通するので、図2のように免震層の上下階で生じる免震変形に追従する機構を有する「免震対応エレベーター」を設置するか、免震層上部の躯体より吊り下げて、四周にクリアランスを設けた「吊り下げ型エレベーター」とします。階段は写真1のように上部躯体から吊り下げるか、踊り場などにスリットを設け、免震層で分離します。免震層で分離する場合、地震時に階段の利用者が転倒や、はさまれたりしないよう注意喚起する必要があります。

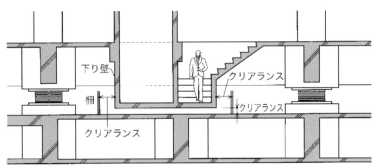

図1 基礎免震の場合の階段、エレベーターピットの断面[1]

写真1 階段の途中で分離した例[1]

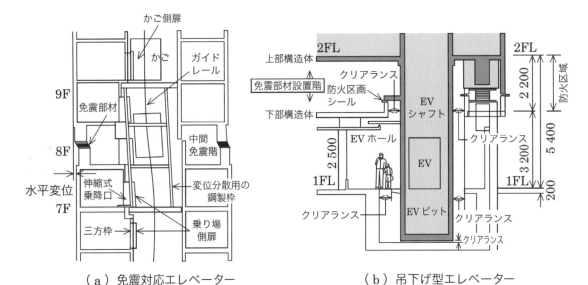

（a）免震対応エレベーター　　　　　（b）吊下げ型エレベーター

図2 中間層免震・基礎免震の場合のエレベーターシャフトの断面[1]

参考文献
1) 震災の国への処方箋, 2020, JSSI

54

3.6 免震建築と非免震建築の接続はどうするのですか

(1) 接続部の注意点

免震建築と隣接する非免震建築との接続は、地震時の相対変位に追随または吸収させる役割を果たすエキスパンションジョイントを設置します。具体的には通路(渡り廊下)として、床・屋根(屋内の場合にはさらに壁・天井)にエキスパンションジョイントを設け、水平方向の大きな変位に対応できるようにします。

図1に床用エキスパンションジョイントの概念を示します。一般的に可動寸法は設計クリアランス以上の値とし、作動時に通行者がはさまれたり脱落しない配慮が必要です。また、地震後の残留変形に対しては使用性が阻害されず、容易に復旧できる仕様が維持管理上有効と考えられます。通

路(渡り廊下)の内側には、大きな変位をすることの表示や手すりの設置、床の色を変えて可動範囲を可視化することなども有効です。

また、上層部の渡り廊下では、免震層の変形に上部建物の変形が加算され、回転方向や上下方向変形など複雑な動きが生じるため、適切なディティールを選定する必要があります。

(2) 地震時の被害について

近年の調査では、大地震時だけではなく中小地震時にもエキスパンションジョイント周辺の仕上や外構の被害が報告されています。原因の一つとしてエキスパンションジョイントの動きを阻害する設置物があったことなどが挙げられており、設計者・施工者のみならず建物管理者・利用者も、エキスパンションジョイントの免震変形追従機構についての理解を深めていくことが重要です。

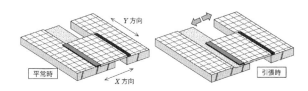
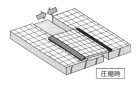

図1 床用エキスパンションジョイントの概念図 [1]

参考文献
1) 免震エキスパンションジョイントガイドライン, 2019, JSSI

3.7 免震部材は各柱の下に一つ必要ですか

一般的には、建物の重量を支持する積層ゴム支承などを各柱の下に一つ配置します（図1（a））。これは、建物の重量を柱から直接アイソレータに伝えるため、力の流れがスムーズで、構造上合理的であるためです。

一方、免震建築では、上部構造に比べ免震層の水平剛性が小さいほど、大きな免震効果が期待できるという特性があります。軽量、低層建物などで、柱の負担軸力が小さい場合、免震効果を期待し、軸力に見合った小さな直径の積層ゴム支承を各柱の下に一つ配置すると、積層ゴム支承の変形能力は支承の大きさに関わるため、変形性能が不足することになります。

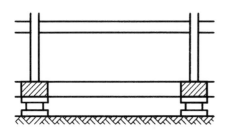

(a) 柱一つを積層ゴム支承つで支持

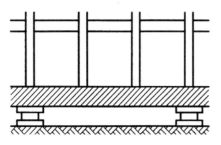

(b) 複数の柱を積層ゴム支承つで支持

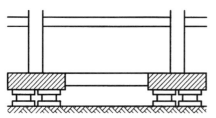

(c) 柱一つを複数の積層ゴム支承で支持

図1　積層ゴム支承の配置

このような場合、上部構造最下層に剛強な梁などを設け、複数の柱の軸力を一つの大径の積層ゴム支承に支持させる計画も考えられます（図1（b））。

なお、すべり系支承（球面すべり支承・低摩擦すべり支承・レール式転がり支承）は軸力が小さくても十分に免震効果を発揮できるという特徴があるため、ロングスパン化による振動性状の悪化を避けたいときなどに、選択肢の一つとなります。

また、柱の負担軸力が極端に大きい場合、一つの柱下に複数の支承を配置する計画も考えられます（図1（c））。しかし、現在製品化されている大型の積層ゴム支承としては直径1800mmのものもあり、約38MNの長期軸力を支えることができます（写真1）。これは、柱の支配面積を50m²、単位面積重量を12kN/m²とすると、約60階分の軸力に相当します。したがって、一つの柱下に複数の積層ゴム支承が必要となる状況はそれほどありませんが、複数とする場合には免震フーチングに非常に大きなせん断力が加わるため、設計時に留意が必要です。

いずれにしても、上部構造の構造種別や柱割りなどの架構計画と免震部材の配置計画は、免震性能や建設費に大きな影響を与えるので、基本計画段階で十分に吟味する必要があります。

（単位：1 MN=1000 kN、10 kN≒1+f）

写真1　製品化されている大型の積層ゴム [1]
（約38MN、60階建相当）

参考文献
1）ブリヂストンカタログ

3.8 免震部材の耐久性は どのくらいあるのですか

建物用に使用される免震部材には長期耐久性が要求されます。免震部材のうち、特に積層ゴム支承については、ゴム材料を使用していることから、実用化当初は経年変化や圧縮クリープなどが重要な検討課題となっていました。積層ゴム支承が日本で建物に使用され始めた1983年から既に40年以上が経過し、経年変化や圧縮クリープなどについてさまざまなデータが得られており、積層ゴム支承の耐久性は建物の使用期間の目安である60年、もしくは60年以上あるものと考えられています。

なお、平12建設省告示第1446号の材料認定では、経年劣化（60年相当）や繰り返し変形に対しての確認項目が有り、性能の変化率等を示すことが求められています。また、長周期地震動に対する性能変化について、任意評定を取得している免震部材も多くあります。

（1）積層ゴム支承の経年変化と圧縮クリープ

積層ゴム支承の経年変化は、主にゴム材料の酸化劣化に起因するもので、高温下での促進劣化試験や、長期間使用されている積層ゴム支承のサンプリング調査などによって評価されています。竣工後30年の免震建築物全体を10cmスライド後に自由振動させた実験では、水平剛性の変化率は+9%程度であったとの報告があります[1]。なお、海外では免震用途ではありませんが、約50年使用された橋梁用積層ゴムアイソレータや、100年以上使用されている鉄道軌道用ゴムパッド（写真1）が実在しており、これらについての調査も行われています[3]。

また、積層ゴム支承は、長期間にわたって建物を支持するために、圧縮クリープを生じます。圧縮クリープについても、経年変化と同様にさまざまな試験、調査が行われており、60年間での圧縮クリープはゴム総厚さの数%程度と予測されています。実際に20年経過した天然ゴム系積層ゴム支承の実使用条件下では、圧縮クリープが約1.6%だったとの報告もあります[4]。圧縮クリープは、免震建物の設計上は考慮に入れる必要がありますが、鉛直クリアランスを確保するなどの対策を施せば、性能上は問題にならないと考えられています。

ゴムパッド

写真1　100年以上使用のゴムパッド（オーストラリア・ヴィクトリア鉄道軌道）[2]

（2）免震部材の繰返し耐久性

免震建物についても、長周期・長時間地震動に対する検討の必要性が高まっていることから、免震部材の繰返し疲労による耐久性がクローズアップされるようになっています。また、高層の免震建物などでは、風荷重に対する検討が必要となることから、免震部材の変形レベルは異なりますが、繰返し疲労による耐久性が重要となります。

エネルギー吸収能力の高い鉛（錫）プラグ入り積層ゴム支承や高減衰ゴム支承などでは、繰返し変形による温度上昇で剛性・耐力が低下するため、温度の影響を適切に評価して設計する必要があります。なお鉛プラグ入り積層ゴム支承では、加振後に温度が下がると、加振前とほぼ同等の性能を示すという実験報告があります[5]。

（3）その他の耐久性

免震部材において、鋼材など発錆する可能性のある部位には、適切に防錆処理を行いその機能を保持する必要があります。また、免震部材を、油や薬品などの化学物質や粉塵などが飛散する環境下で使用する場合には、これらの物質に対する耐久性を調べるとともに、必要に応じて対策を講じる必要があります。

免震部材の耐久性は、適切な維持管理を行い、想定した免震部材の使用環境を継続的に維持することによって確保されるものです。

参考文献

1）舟木秀尊, 小山慶樹, 山上聡：1986 年に竣工した実免震建物における免震装置の水平剛性の評価、日本建築学会技術報告集Vol.24（2018）, No.58, pp.979-984

2）宮崎光生　提供

3）設計者のための建築免震用積層ゴム支承ハンドブック＜改訂版＞, JSSI, 2017

4）安井健治、早川邦夫、山上聡：積層ゴムの経年変化、日本建築学会学術公演梗概集, B-2, 構造Ⅱ, pp.887-888, 2007

5）河内山修, 神田智之, 竹中康雄, 宮崎充, 中村昌弘, 北村春幸：鉛プラグ入り積層ゴムの小振幅疲労特性実験, 日本建築学会技術報告集 Vol.21（2015）, No.48, pp.639-644

3.9 免震部材の大臣認定とは どんな内容ですか

一般に、免震建物に使用される免震部材(アイソレータ、ダンパーなど)は国土交通大臣の認定を受ける必要があります。大臣認定を取得している免震部材は、材料の構成、形状と寸法、主要な性能などについて基準値が定められており、その内容は免震部材の製作会社に確認することができます。

(1) 免震部材に関する法令の概要

2000年に、免震に関する技術基準が建築基準法令に取り入れられました。平成12年建設省告示第2009号「免震建築物の構造方法に関する安全上必要な技術的基準を定める等の件」では、免震建物の構造方法の基準や、動的解析を行わない比較的簡易な構造計算方法が示されました。平成12年建設省告示第1446号「建築物の基礎、主要構造部等に使用する建築材料並びにこれらの建築材料が適合すべき日本工業規格又は日本農林規格及び品質に関する技術的基準を定める件」(平成12年建設省告示第2010号で免震材料追加)では、免震部材について、明らかにすべき性能項目やその測定法などが示されました。このような技術基準が設けられたことによって、免震建築に使用される免震部材は、建設省告示第1446号で定められた基準を満足した部材(大臣認定を取得した部材)であることが必要となりました。

なお、2011年に、免震部材のうち積層ゴム支承については、日本工業規格(JISK-6410-1:2015、6410-2:2015:建築免震用積層ゴム支承-第1部:仕様、第2部:試験方法)が制定されました。今後、免震部材に関する技術基準の改定作業などを通して、積層ゴム支承のJIS化の位置づけが明確化されていくものと思われます。

(2) 建設省告示第1446号の概要

平成12年建設省告示第1446号において、「免震材料」は、積層ゴム支承、すべり系支承、ダンパーなどの「免震部材」を意味しています。

建物の荷重を支える支承については、天然ゴム系積層ゴム支承などの「弾性系」、樹脂材料などを用いた「すべり系」、鋼製のボールやローラを用いた「転がり系」に細分されています。また、ダンパーについては、鋼材や鉛材などの塑性変形を利用した「履歴系」、粘性体の流動抵抗やオリフィス効果を利用した「流体系」、摩擦抵抗を利用した「摩擦系」に細分されています。

本告示では、免震部材の構成や各部の形状、寸法および寸法精度を定めること、それぞれの免震部材(アイソレータ、ダンパー)について、明らかにすべき性能項目や測定方法などを示し、それらの基準値を定めることを求めています。また、2019年には、免震部材および制振部材の品質に関する技術基準が改正されて、品質管理体制の審査について、下記の3点が強化されています。

① 検査データの保存

② 検査データの改ざん防止

③ 発注者等による製品性能の確認

(3) 大臣認定の取得方法

免震部材の大臣認定を取得するためには、あらかじめ指定性能評価機関において性能評価を受けることが必要となります。性能評価は、上記の平12建設省告示第1446号に基づいて行われ、その評価結果は指定性能評価機関より性能評価書として発行されます。このような性能評価の手続きが完了した後に、国土交通大臣より認定書が発行されます。

免震部材の検討や選定に際しては、製作会社より認定書や性能評価書の写しを取り寄せるなどして、その内容を確認しておくことが必要です。「免震部材標準品リスト」(JSSI)には、さまざまな免震部材についての基準値がまとめられています。

3.10 設計工程はどのように設定しますか

免震建築の設計工程は、図1のように一般的な建物と同様に基本設計と実施設計とに分けられます。以下に、それぞれの設計工程におけるポイントを説明します。

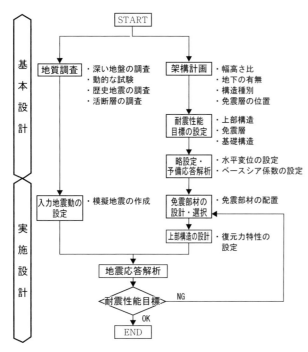

図1 免震構造の設計工程フロー

(1) 基本設計

(a) 架構計画（免震層の位置、塔状比）

免震建築を設計するうえで免震層の位置や塔状比の大きさは重要な問題です。免震層の位置により基礎免震と中間層免震に大別できますが、地下階がある場合、基礎免震とすると土圧を受ける擁壁は大きな断面が必要となり、建物の有効率が低下することになります。中間層免震とした場合、どこに免震層を設けるかは用途やコストを勘案し決定します。塔状比の大きさは、免震部材に過大な引張り力を生じさせない配慮が必要なことから、架構計画に大きく影響する場合もあります。したがって、建築計画を進めるうえで、ともに早い段階での検討が必要です。

(b) 耐震性能目標の設定、略設計

建物用途や将来起こりうる地震を考慮し、建築主との協議により耐震性能目標を設定します。建物用途によっては、建物の揺れの指標となる加速度の値を設定することもあります。次に、免震建築としての性能を定性的に把握するため基本設計を行います。建物の総重量と地盤種別を与条件とし、耐震性能目標に基づいた免震層の復元力特性・減衰特性などの特性値を仮定し、想定水平変形量を基にしたクリアランスの設定など意匠設計にかかわる値を設定します。また、この段階で簡単なモデルによる地震応答解析を行い、変形量を推定することもあります。

(c) 地質調査、想定地震

地質調査は、基礎構造の資料としますが、免震建築の場合、一般的な建物よりも深い地盤の調査を行い、地盤の動的特性を調べる調査を行います。また、建設地周辺で過去に生じた地震や活断層の有無など地震の活動度を調査し、建設地周辺で将来起こりうる地震の想定をします。

(2) 実施設計

実施設計では、上部構造・基礎構造の設計、免震部材の設計・選択、入力地震動の設定、地震応答解析を行います。アイソレータやダンパーは免震層にねじれ振動が生じない配置とし、上部構造の偏心の影響を受けない計画とします。各アイソレータは柱軸力による面圧が等しくなるような径とすることが望ましく、ダンパーについては建物の特性に応じた適切なダンパー量が存在し、ダンパーの復元力が大きすぎても小さすぎても、免震効果が小さくなってしまうので注意が必要です。また、ダンパーは免震層のねじれ剛性およびねじれ振動に対する減衰を確保するよう建物外周部に配置するとよいでしょう。地震応答解析で用いる入力地震動は、標準的に用いる地震波のほか、地質調査で行ったデータをもとに建設地の地盤特性を考慮した模擬地震波の作成を行い、解析に採用します。

3.11 免震建築の構造計算には どのような方法がありますか

免震建築の構造計算は、建築基準法施行令(以下、令)第81条の2による大臣認定の定めに従った構造計算(以下、大臣認定免震)と「平12免震の建築物の告示」の第6に定める構造計算(以下、告示免震)に分類できます。

大臣認定免震は、令第82条の2の定めによる構造計算方法である時刻歴応答解析を実施し、国土交通大臣の認定を受けることが必要になります。

一方、告示免震は、時刻歴応答解析を行わない構造計算の方法であり、以下の条件を満たせば、大臣認定を経ることなく、特定行政庁または民間の確認審査機関による確認申請で建築できます。ただし、設計者の判断により、告示免震に相当する建物であっても、大臣認定免震を選択することもできます。

なお、大臣認定免震および告示免震ともに構造計算方法に関係なく、以下の耐久性等関係規定は適用されます。

告示免震の主な必須条件

① 地盤は第3種地盤でないこと、かつ液状化のおそれがないこと。

② 建物高さが60mを超えないこと。

③ 建物平面形状が整形であること（辺長比4以下など）。

④ 下部構造の周囲に土圧が一様に作用していること　他。

⑤ 工学的基盤までの表層厚の5倍程度（半径の2.5倍）の範囲で5度以内の傾斜になっていること。

耐久性等関係規定

（設計方法によらない必須条件）

① 免震層は免震部材、建築設備の点検が容易にできる空間、配置とする。

② 建物周辺に安全上支障のある空間を生じないものとする。

③ 出入り口に免震建物であることその他必要な事項を表示する。

④ 積雪時に変位を妨げない措置を講じる。

⑤ 必要に応じて免震部材の交換を行うことができる構造とする。

⑥ 免震層が浸水する場合は、底盤に排水口を設けるなど免震部材が冠水しない対策を講じる。

3.12 免震建築で考えられる地震動は どんなものですか

免震建築では、免震部材および構造骨組みの設計を、地震動を用いた時刻歴応答解析を用いて実施します。採用する地震動には、建設地の地盤の特性、建設地周辺の地震環境や地域性を考慮します。そして、採用した地震動は、免震建築の設計に密接かつ直接的に影響することから、この地震動の選定はとても重要となります。

(1) 免震建築の設計用地震動のレベル
設計に用いる地震動の大きさは、大地震（震度6強程度）レベルを「極めて稀に発生する地震動」、中地震（震度5弱程度）を「稀に発生する地震動」と呼んでいます。

(2) 地震動の種類
時刻歴応答解析に用いる地震動は、大きく分けて二種類あります。一つは、過去に観測された地震を、速度振幅レベルで設計目標に基準化した波形（観測地震波）です。もう一つは、模擬地震動で、告示波やサイト波がこれに当たります。

(3) 告示波
告示波は、建設省告示第1461号の第四号イに定められた解放工学的基盤（せん断波速度が約400m/s以上の地盤）での加速度応答スペクトルに合致するように作成した模擬地震動に、表層地盤による増幅を適切に考慮して作成した地震波です。
解放工学的基盤における加速度応答スペクトルを図1に示します。

(4) サイト波
建設地周辺の活断層の中で、建設地に影響の大きそうな活断層を特定し、模擬地震動を作成し

て設計用地震動（サイト波）の一つとして採用する事例もあります。政府の中央防災会議の「首都直下型地震対策専門調査会」や、大震研委員会の「大阪府域内陸直下型地震に対する建築設計用地震動および耐震設計指針」などは、このサイト波の作成にあたって参考になります。

(5) 長周期長時間地震動
前述の観測地震波、告示波に加えて、特定の地域に建設される4階建て以上の免震構造建物は平成28年6月に国土交通省住宅局建築指導課から公開された「超高層建築物等における南海トラフ沿いの巨大地震による長周期地震動への対策について」に記載された地震動による検討が必要となります。その中で免震部材は、長時間繰り返しの累積変形による影響を考慮することが必要となります（1章13節参照）。
文献1）では、研究成果や社会の動向を踏まえた、免震建築物における入力地震動作成方法が掲載されています。

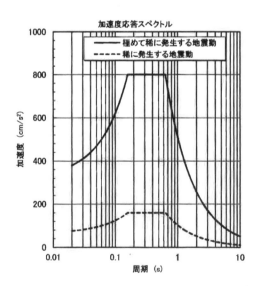

図1　解放工学的基盤における加速度応答スペクトル [1]

参考文献
1）免震建築物のための設計用入力地震動作成ガイドライン（第3版），2022，JSSI

3.13 設計および建築確認申請の期間、コストはどうなりますか

（1）設計および建築確認申請の期間

免震構造の設計は時刻歴応答解析などの特別な検証を行い、国土交通大臣の認定が必要なルート以外に、高さ60m以下で建物規模・形状や計画地における地盤などの一定条件を満たすことができれば、特定行政庁または民間の確認検査機関による確認申請（＋構造計算適合性判定）での審査が可能です。その場合は、応答スペクトル解析法による計算での申請ルートとなります。

（a）大臣認定ルートによる免震設計

時刻歴応答解析などの特別な検証を行う場合、審査手続きは指定性能評価機関の性能評価審査委員会での審査となるため、設計には委員会資料を作成する期間を見込む必要があります。概ね、一般耐震建築に比べ1〜2か月余計に設計期間が必要です。さらに、指定性能評価機関に提出し、国土交通大臣の認定を取得するまでの手続きに必要な期間としては4〜4.5ヶ月程度が必要となります。但し、大臣認定期間中に確認申請の仮受付が可能な審査機関もあり、本申請に必要な期間を1ヶ月とした場合、性能評価の審査開始から確認申請の審査完了までは5〜5.5ヶ月程度の期間を見込む必要があります。図2に設計と申請作業の流れを示します。

（b）告示第6の計算方法による免震設計

平成12年建設省告示第2009号第6に準拠した、免震構造の設計の場合、建築確認申請および構造計算適合性判定による審査となり、例えばルート3などでの計算ルートと比べ、審査において特別な期間を要しません。設計スケジュールを長く取れないケースで免震構造を採用したい場合も、この告示による免震設計は解決法のひとつとなります。

※適用に当って必要な条件は3章11節に掲載。

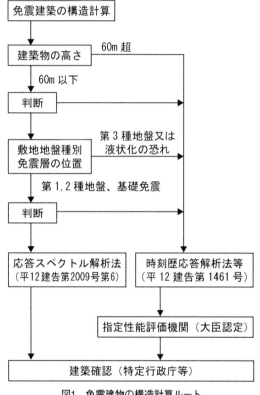

図1 免震建物の構造計算ルート

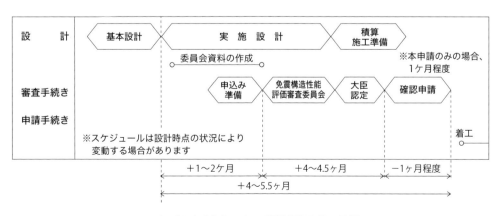

図2 設計と申請作業の流れ（性能評価取得の場合）

（2）設計コスト

基本設計で行う地質調査においても、深い地盤構造の調査や動的な試験を行うため、一般耐震建築の地質調査に比べ長い期間が必要となり、早めに調査を開始する必要があります。建設地によって異なりますが、PS検層などにより工学的基盤を確認するため、表層付近に硬質な地盤が出現しても以深まで地盤調査が必要となることもあります。免震構造を設計する際のコストは指定性能評価機関での評価手数料・大臣認定申請料（表1）、特別な地盤調査による地質調査費用や構造性能評価に伴う特殊業務料など、一般耐震建築に比べ多く必要になります。特殊業務料とは委員会資料の作成に必要な直接人件費、技術料、地震応答解析のソフト使用料などで構成される構造設計に関わる費用です。意匠設計や設備設計については、非免震部との取合いに特殊なディテールが必要ですが、一般には特殊業務料として扱うことはありません。したがって、トータルの設計費用として標準的な例では10%増となることもあります。

表1　免震構造の性能評価手数料（2022年現在）

内　容	性能評価手数料(円) ※非課税
1）床面積の合計が500m²以内のもの	510,000
2）床面積の合計が500m²を超え、3000m²以内のもの	820,000
3）床面積の合計が3000m²を超え、10000m²以内のもの	1,230,000
4）床面積の合計が10000m²を超え、50000m²以内のもの	1,530,000
5）床面積の合計が50000㎡を超えるもの	2,050,000
大臣認定申請手数料	20,000

3.14 免震建築の設計の手順は どのようになっていますか

建物の設計は、建築主と設計者の対話の積み重ねによって、より深く、より詳細に進んで行き、設計完了、確認申請、工事着工そして、建物の竣工にいたります。設計者の意思だけでは建物は設計できません。これは、免震構造でも同様です。ここでは、免震構造の建物を設計する際に、建築主と設計者が協議し、合意の上で決定していく必要のある項目を説明します。(図1)

(1) 設計工程

免震構造の場合、通常、一般の耐震構造の建物に比べ、大臣認定も含めると4～5ヶ月程度設計期間が長くなります。高さ60m以下の建物において、設計期間を一般の耐震構造の建物と同様の期間にしたい場合には「平12免震建築物の告示」第6の計算方法による構造計算法を選択する方法もあります。

(2) 地盤調査

建設地の工学的基盤までの地盤構成や動的な特性を把握するために、一般の耐震構造の建物より詳細で、若干長い期間の地盤調査が必要となります。

(3) 免震建築にする際の目標

免震構造化によって、大地震から守るべき用途、機能、諸室を設定し、大地震後に機能すべき用途と建物のイメージを建築主と設計者で共有する必要があります。

(4) 免震層の位置

敷地の状態や狭隘かを考慮の上、免震化すべき用途、機能を踏まえ、免震層の位置を決定します。基礎免震構造とするのか、中間層免震構造

(「告示第6の計算方法」では適用不可)とするかの選択です。

(5) 耐震性能目標の設定

建設地近傍の活断層や長周期地震動の影響、および地域の想定地震を考慮の上、設計に用いる地震動の種類、大きさ、そしてこれらの地震を受けた際の、建物の性能目標(建物被害の状況)を協議の上、設定します。

(6) 使用性能目標の設定

建物の機能や居住性に関する性能目標を設定します。建物内の家具、什器、機械の転倒抑制のための性能、床の遮音性能や居住性能(床振動・風揺れ)などに関する設定です。

(7) 建築・設備計画との調整

免震を計画する場合、建物外周部に必要なクリアランスを確保することが重要となります。特に、狭隘地では建物外壁面と敷地境界が近接することが多く、建物面積に影響する場合があります。また、クリアランス範囲では地震時に建物が動くため、免震 エキスパンションジョイントの設置に加えて、設備配管の可動化および干渉物を設置しないなどの配慮も必要になります。

(8) 工事費・工期の設定

実施設計に着手する前に、概算工事費を見積もり、目標とする工事費となるための調整を実施します。できれば、免震部材や構造躯体など主要な部位は数量を積み上げた概算を行うことが望ましいです。また、免震層を構築することで耐震建物と比べて一般的に工事期間も長くなるため、工期を把握しておく必要があります。プロジェクト全体の順調な工程管理のためにも重要な項目です。

建築基準法における建物の耐震性能のレベル

地震で壊れない建物をつくってもらおうと思っていますが、構造設計の考え方について簡単に説明して下さい。

通常、建物の構造設計は建築基準法に基づいて行われます。この法の規定を満足する建物は、中地震では損傷しないこと、大地震時には人命を守ることを目標に設計をしています。

中地震時には建物は損傷しないこと

仕上げなどの損傷が生じても、柱や梁などの骨組み（構造体）は、軽微なひび割れ程度に留まります。

大地震時には人命を守ること

人命を守るとは、地震で建物の下敷きになり、圧死するのを防ぐということです。そのために、建物の重さを支える柱が折れたりして、建物が倒壊しないようにします。一方、大地震を受けた後は、建物の構造体にもひび割れや一部損壊が発生し、建物が傾いたりすることも考えられます。この場合、設備・仕上げ等にも、被害が生じます。

中地震を受けた時

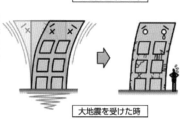

大地震を受けた時

構造形式

最近免震構造が話題になっていますが、どんな構造形式ですか？

建物が地震に耐える方法として、以下に示す耐震構造、制振構造や免震構造という形式が有ります。

耐震構造、制振構造、免震構造の特徴

構造形式	耐 震 構 造	制 振 構 造	免 震 構 造
模式図および特徴	建物の骨組みを強化し、地震の揺れに対して耐える構造	制振部材により地震エネルギーを吸収して揺れを低減し、構造体の損傷を防止する構造	建物と基礎の間に免震装置・減衰装置を配置し、地震の揺れを直接建物に伝えない構造
地震時の揺れ	地面に対して建物内では、揺れが2〜4倍程度になる	地面に対して建物内では、揺れが1〜3倍程度になる	免震層は大きく動くが、建物内での揺れ（加速度）は0.5〜1.5倍程度になる

図1　建築主と設計者の対話のイメージ[1]

参考文献

1）安心できる建物をつくるために
　　―構造設計者と共に考えましょう―, 2018.7, JSCA

3.15　免震建築の安全率やフェイルセーフはどのようになっていますか

免震構造は、地震動によって入力される大きな力そしてエネルギーのほとんどを免震部材で吸収する構造です。免震部材が配置される免震層には、地震時に水平方向に数十cmの大きな変位を生じます。一般の耐震構造の建物は、入力地震動に対して、柱、梁、耐震壁、ブレースなどのいろいろな部位で、各階にわたり、鉄筋や鋼材の塑性変形やコンクリートのひび割れなどによりエネルギー吸収するのに比べて、免震構造は免震層のみでエネルギー吸収する建物とも言えます。したがって、免震部材の選定は慎重に、十分注意を払う必要があります。そして、免震構造の特徴を十分理解した上で、設定した設計用地震力に対して、余裕を持った設計、安全率を見込んだ設計を行うことが重要です。

（1）余裕度検討レベルの設計

具体的な安全率の担保の方法としては、余裕度検討レベルでの検証があります。免震構造の設計に用いる大地震動（極めて稀に発生する地震動）時の大きさの1.5倍に増幅する方法や、サイト周辺の震源や地盤特性を反映したサイト波を用いた方法で免震構造の設計を行い、建物の余裕度を検証します。その際には部材に多少の損傷は生じても、大破などの決定的となる大きなダメージにはならない状態を保ちます。

（2）十分なクリアランス

免震構造の性能を十分に発揮するためには、建物外周部の擁壁との隙間、すなわちクリアランスの確保が重要です。建物が鉄筋コンクリートの擁壁に衝突する場合、大きな衝撃力が建物に生じ甚大なダメージを受ける可能性があります。擁壁との衝突を考慮した設計を行わない限り、原則として回避するべきであり、支持機能を担保した上で免震積層ゴムの破断変形以上のクリアランスの確保や、大地震時

の設計時の免震層の水平変形の1.5~2.0倍のクリアランスの確保などの対応をする事例も多くあります。また、中間層免震構造の様に周辺に擁壁がない構造では、上部架構が下部構造に衝突した際の衝撃を緩和する機能を有する水平変形緩衝材を設置する対策などが考えられます。

（3）上部構造の設計

免震構造においては、上部構造に塑性変形が生じた後、さらに大きな入力地震動に対して、塑性化が進んで急激に上部構造の層間変形が大きくなる現象が起こる場合があります。上部構造の剛性・耐力を十分確保し、大地震動に対しても部材を塑性化させないことで、想定以上の大きな地震動に対して安全性を担保することになります。

（4）フェイルセーフ

万が一の免震部材の損傷や破断などに対応して、積層ゴム支承などの鉛直支持部材に代わる支持機構をフェイルセーフとして設けることもあります。また、擁壁に衝突したとしてもその衝撃力を和らげる緩衝材として、高減衰ゴムなどのエネルギー吸収材を利用する事例もあります。（図1、写真1）

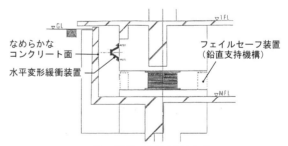

図1　擁壁の衝撃力緩和対策

写真1　水平変形緩衝材 [1]

参考文献
1）大林組　提供

3.16 免震建築の天井材や天井吊りものは どう対処するのですか

2001年の芸予地震以降、大きな地震が起きた際には、天井の被害についても数多く報告されてきました。また、そのたびに国土交通省は数回にわたって天井崩落対策についての技術的助言を行ってきました。免震建築においては、幸いなことに天井の崩落や被害報告はありませんが、本体の免震構造と天井や吊り物の固有周期が近くなり、共振現象を生じる可能性もあることから、免震構造でも天井の耐震性検討は必要と考えます。

近年では、2011年の東北地方太平洋沖地震における吊り天井の甚大な被害を受けて、平成26年4月1日に天井脱落対策に係る一連の技術基準告示（平成25年国土交通省告示第771号他）が施行され、吊り天井のうち「①居室、廊下その他の人が日常立ち入る場所に設けられるもの、②高さが6メートルを超える天井の部分で、その水平投影面積が200平方メートルを超えるものを含むもの、③天井面構成部材等の単位面積質量（天井面の面積の1平方メートル当りの質量をいう）が2キログラムを超えるもの」を、脱落によって重大な危害を生ずるおそれのある天井として「特定天井」と定義しています。ここでは特定天井の取扱いについて説明します。

特定天井に作用する地震荷重に対する安全性検証には同告示において、「仕様ルート」、「計算ルート」、「大臣認定ルート」が定められており（図1）、「計算ルート」には（水平震度法）と（応答スペクトル法）の2種類があります。この水平震度法は建物階数によって天井を設ける階に作用する震度を算定しますが、免震建築

においては、「平12免震建築物の告示」第2009号第6において、天井を設ける階数に関わらず0.5以上とすることができるとしています。免震建築では天井に作用する地震力を一般耐震建築の1/4以下にすることが可能です。

なお、「仕様ルート」によるもの、令39条第3項の規定に基づく大臣認定を受けたものについても認められています。天井の構造耐力上の安全性に係る検証ルートと審査手続きの関係を表1に示しますので参考にして下さい。

表1　検証ルートと審査手続きの関係[2]

構造躯体の構造計算ルート	天井の安全性検証ルート		
	仕様ルート 水平震度法	応答スペクトル法 簡易スペクトル法	特殊な構造 時刻歴応答計算
時刻歴応答計算	大臣認定	大臣認定	大臣認定
限界耐力計算	確認審査のみ	構造適判	大臣認定
ルート3（保有水平耐力計算） ルート2（許容応力度等計算）	確認審査のみ	構造適判	大臣認定
ルート1（許容応力度計算） 四号建築物（構造計算を省略）	確認審査のみ	構造適判に準ずる	大臣認定

参考文献
1）国土交通省：建築物における天井脱落対策の全体像
https://www.mlit.go.jp/common/001009501.pdf
2）建築物における天井脱落対策に係る技術基準の解説
第Ⅰ編 第6章, p81, 2013.9, 国土技術政策総合研究所,
（独）建築研究所
https://www.nilim.go.jp/lab/bcg/siryou/tnn/tnn0751pdf/
ks075111.pdf

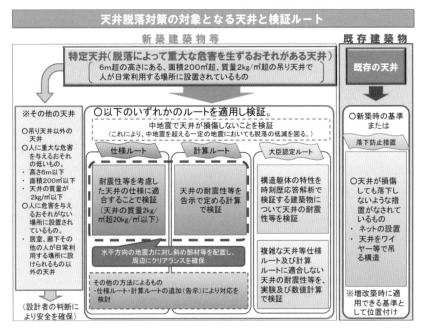

図1　天井脱落対策の対象となる天井と検証ルート[1]

3.17 免震部材の製品ばらつきは設計にどのように考慮されていますか

免震建築の設計では、設計用地震動や設計用風荷重に対して建物応答を予測し、建物応答や免震層の偏心率などが設計目標値を満足するかを検討します。その際に建物および免震層を適切にモデル化します。建物応答や免震層の偏心率は免震層の特性値(剛性、降伏荷重、減衰など)に大きく影響を受けるため、特性値を適切に評価する必要があります。このために、免震層に配置される個々の免震部材の特性値を把握しておくことが必要です。

　免震建築に用いられる免震部材は、指定建築材料の免震材料として平成12年建設省告示第1446号にて規定されています。上記の告示において限界変形や限界強度といった限界値の基準値とともに、水平特性あるいは鉛直特性の種々の特性値が定められています。

免震部材の特性値は、種々の要因により基準値からの特性変動(製品のばらつき)を有しています。特性変動の主要な要因としては、①製造のばらつき、②使用環境によるばらつき(温度依存性など)、③経年変化などが考えられます。免震部材の製造のばらつきは、各免震部材の大臣認定資料に基づき設定します。またメーカーの製造実績に基づいて設定する場合もあります。使用環境によるばらつきで考慮することが多い温度変化による特性変動は、免震層の使用環境の温度変化を想定し、免震部材の温度特性に基づいて設定します。

経年変化は加熱促進試験などによって得られたデータに基づき、想定した使用年数に応じて設定します。例として、鉛プラグ入り積層ゴム支承の二次剛性に関する特性変動を表1に示します。種々の変動要因に対する特性値のばらつき正側における変動の合計を免震部材としての正側の変動として設定するのが通例です。負側も同様に設定します。表1に示す事例では、正側の変動は基準値に対して+26%、負側の変動は-15%と設定しています。免震部材の剛性、降伏荷重や減衰が正側へ変動する場合は、その復元力が基準値の特性よりも硬くなる場合であり、負側へ変動する場合は基準値よりも柔らかくなる場合です。構成部材の製品のばらつきを反映し、免震層としての復元力特性が硬くなる場合の上限(ハードケース)、および柔らかくなる場合の下限(ソフトケース)を規定し、特性変動による建物の応答のばらつきを算出します。具体的には、ハードケースおよびソフトケースの復元力特性や剛性を用いた応答解析などをそれぞれ実施して、安全性を確認します。

免震建築は、免震層が硬くなると、地震時の免震層の最大変位は小さくなりますが、免震層より上階の建物に生じる最大応答層せん断力係数は大きくなります。よって、地震時の建物応答のばらつきは、ハードケースでは建物の最大層せん断力、ソフトケースでは免震層の最大変形が他のケースよりも大きくなることが通例で、これらの応答値と設計目標値の比較により安全性の確認を行うこととなります。製品ばらつきに関する設計への考慮に関するさらに詳しい解説は、文献1)の「第4章 免震建物の設計」を、また、時刻歴応答解析による設計については文献2)の「5章動的解析5.3安全性評価」および設計例をご参照ください。

参考文献
1) 免震構造 −部材の基本から設計・施工まで−(第2版), 2022, JSSI編, オーム社
2) 時刻歴応答解析による免震建築物の設計規準・同マニュアル及び設計例, 2018, JSSI
3) ブリヂストン 建築免震用積層ゴム製品仕様一覧, 2021, vo.1

表1　免震部材の特性変動（例：鉛プラグ入り積層ゴム支承の二次剛性）3)

変動	特性値の変動要因			変動率の合計
	製造のばらつき	温度依存	経年変化	
正側	+10%	+6%	+10%	+26%
負側	-10%	-5%	0%	-15%

3.18　長周期地震動で免震部材の性能は変化しますか

長周期地震動は長周期成分が卓越した地震動であり、超高層建築や免震建築といった固有周期の長い建築物との共振現象による悪影響が危惧されています。また、長周期地震動は継続時間が長いことも特徴であり、免震建築においては、免震層に多数回の繰返し変形が生ずることが考えられます。よって繰返し変形時の免震部材の挙動を評価するために、免震部材の多数回繰返し動的実験が実施されました。その結果、繰返し回数とともに力学特性が変化する部材があることが確認されました。詳しくは、文献1)および2)に記されています。繰返し変形により、エネルギー吸収能力が高い免震部材では吸収エネルギーが熱エネルギーに変換され、免震部材の温度が上昇します。免震部材は高温になるにつれ軟化特性を示すものが多く、それらの部材ではエネルギー吸収能力が低下する傾向を示します。繰返し変形によるエネルギー吸収能力の変化の程度は、免震部材の種類・サイズにより異なります。例として、鉛ダンパーの動的な繰返し変形を与えた際の荷重変形関係図を示します(図1)[3]。荷重履歴が取り囲む面積がエネルギー吸収量を示しますが、繰返し回数が増えるにつれ、降伏荷重の低下が見られ、荷重履歴が取り囲む面積が減少し、エネルギー吸収能力が低下していくことが分かります。国土交通省は平成28年6月24日に「超高層建築物等における南海トラフ沿いの巨大地震による長周期地震動への対策について」を示し、南海トラフ沿いで約100〜150年

の間隔で発生しているとされるM8〜9クラスの巨大地震に備えて、関東地域、静岡地域、中京地域および大阪地域の対象地域内において大臣認定を取得する高さが60mを超える建築物および地上4階建て以上の免震建築物では、南海トラフ沿いの巨大地震による長周期地震動を設計用入力地震動として建物の安全性を検証することを義務付けました。また免震建築物の安全性の検証では、長時間の繰返し変形による免震部材の特性変化の影響を考慮することが必要です。上記の安全性の検証における評価方法については、前述の文献1)および2)に示されています。繰返し変形の影響を考慮した時刻歴応答解析方法には、免震部材の特性変動を時々刻々と考慮して応答解析を行う精算法と、図2に示す簡易応答評価法があります。簡易応答評価法のStep3で各免震部材ごとに免震部材メーカーにて規定された特性変動評価法に基づき性能変動を考慮した特性を設定し、再解析を行います。

Step 1: 免震部材の繰り返し依存性を無視した
　　　　時刻歴地震応答解析を実施

Step 2: 繰り返し依存性を有する免震部材の
　　　　吸収エネルギー等を評価

Step 3: 吸収エネルギー等に応じて繰り返し
　　　　依存性を考慮した免震部材の特性を設定

Step 4: 免震部材の繰り返し依存性を考慮した
　　　　時刻歴地震応答解析を実施

図2　免震部材の繰返し依存性を考慮した簡易応答評価法 [1]

参考文献
1) 建築研究所ホームページ「長周期地震動対策に関わる技術資料・データ公開特設ページ」、「別紙5-2　免震建築物の繰返し依存性の検証方法」
https://www.kenken.go.jp/japanese/contents/topics/lpe/52.pdf
2) 飯場他;免震部材の多数回繰返し特性と免震建築物の地震応答性状への影響に関する研究, 建築研究資料, No.170, 2016.4
3) 西村他;多数回繰返し加力による変動を考慮した免震用鉛ダンパーの復元力モデルに関する研究, 日本建築学会構造系論文集,第80巻, 第711号, 2015.5

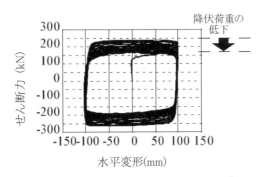

図1　鉛ダンパーの繰返し変形時の実験結果 [3]

第**4**章

免震建築の施工

4.1 免震建築の施工で特に検討することと 留意することは何ですか

免震建物自体はそれほど特殊というわけではありませんが、免震建築が地震時にどのように挙動するかをよく理解し、施工計画を進める必要があります。設計図書には、アイソレータ・ダンパーなど、見慣れない部材や用語が記載されています。実際の施工では、部材製作メーカーとの打合せ・発注・製作管理・取付け・検査などを実施するために「免震構造」と「免震部材」についてある程度理解しておく必要があります。一度は、入門書や施工標準(例:JSSI免震構造施工標準)等に目を通すことが大切です。

(1) 施工計画

免震部材の標準的な施工手順を理解し、建物全体の施工計画の中での免震工事の位置づけを確認します。特に免震層の施工が基礎工事の直後に行われることが多いため、免震層の施工計画をかなり早い段階から行う必要があります。また、免震建物の施工管理には特有の検査、管理書類がありますので、検査計画(スケジュール)を立てておくとよいでしょう。なお、免震工事責任者には、「免震部建築施工管理技術者」の資格保有者かその指導が受けられる人材の配置が望まれます。

(2) 免震を意識した施工

施工管理技術者だけではなく、各工事に従事する作業員が、「免震建物を施工している」という意識をもつこと、地震が発生したとき建物が動くということ、免震部材の重要性や取扱いなどについて周知させることが大切です。特に、免震部材は免

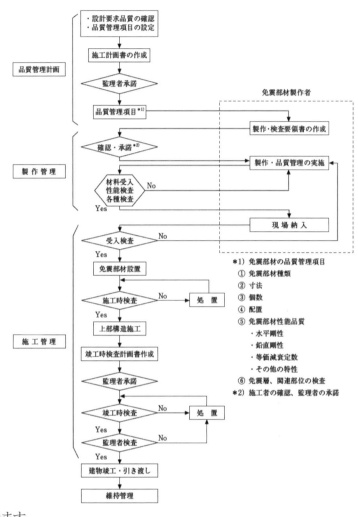

図1 免震建築の品質管理フロー[1]

震層周辺の鉄骨の溶接縮みやコンクリートの収縮により変形すること、さらに非常に燃えやすい材料であることを周知徹底する必要があります。図1に一般的な免震部施工検討フローを示します。通常の施工フローの間に免震部施工および施工検討項目が入ることになります。

参考文献
1)JSSI免震構造施工標準2021, 経済調査会

4.2 免震建築の仮設計画で地震対策はどのように考えるのですか

施工中に地震が発生した場合、建物が大きく移動することが想定されます。揚重機(タワークレーンや工事用リフトなど)、外部足場などの仮設物もその移動に対しての配慮が必要です。

(1) 揚重機

揚重機は下部構造または地盤に固定し、自立させることが望ましいとされていますが、建物形状・規模や敷地条件等により、上部構造(免震建物)躯体にタワークレーンの控え(ステー)をとって、設置しなければ施工できない場合があります。揚重機の設置方法を下記に示しますが、いずれの場合も設計者・工事監理者や揚重機メーカーと十分協議し、計画する必要があります。

①タワークレーンを免震建築の下部構造(非免震側)または地盤上に自立設置します。自立しているので、耐震建築と同様の検討を行えばよいこととなります。(図1)

図1 自立させる場合の模式図 [1)]

②免震建築の上部構造(免震側)にタワークレーンを設置します。タワークレーンは免震建築と同じ挙動をするため、上部構造躯体から控えをとることができますが、クレーンの動作状況によっては、通常より揺れが大きくなりやすいことに注意する必要があります。(図2)

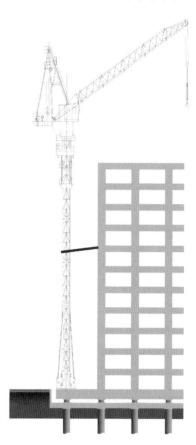

図2 免震建築に設置した場合の模式図 [1)]

地震時において、建物の固有周期とタワークレーンの固有周期が近いと共振して、タワークレーンの揺れが増幅する可能性があります。計画上十分な配慮が必要です。(写真1)

写真1 免震建築に設置した場合の実施例 [1)]

③タワークレーンを下部構造または地盤上に設置し、上部構造躯体から控えを設ける場合、タワークレーンが上部構造の変形に追従できるかどうか、構造設計者・クレーンメーカーの技術者を交えた検討が必要です。なお、タワークレーンはできるだけ上層部まで自立して使用し、控えはできるだけ高い位置にとるべきです。(図3)

④工事用リフトには、下層から控えが必要なので、免震建築の上部構造に固定するのが一般的です。

(2) 外部足場

外部足場は、免震層の上部構造の犬走り上(図4左)から設けたり、躯体からのブラケット足場(図4右)とするなど、上部構造と下部構造で縁切りすることが望ましいのですが、そのような対策が採れない場合、監督署と協議の上、足場脚部を上部構造の強制的な変形に対して追従できるようにし、万が一ずれ(移動)が生じても倒壊することのないよう配慮する必要があります。

参考文献
1) 大成建設　提供
2) 三井住友建設　提供

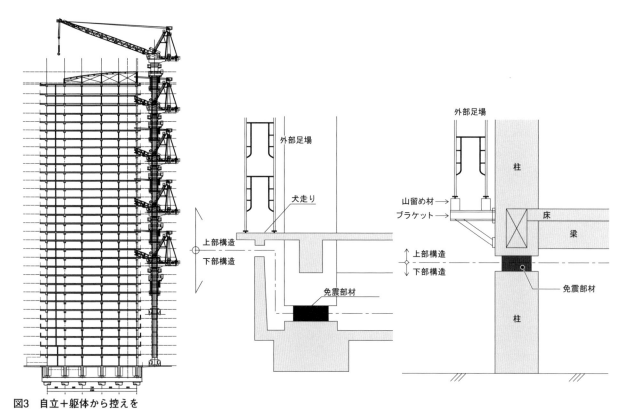

図3　自立＋躯体から控えを
とった場合の実施例 1)

図4　外部足場の設置例 2)

4.3 免震建築の工事工程は耐震建築とどのくらい違いますか

免震建築の施工期間は、一般耐震建築に比べ長くなるといわれています。施工期間が長くなる主な要因としては、

- 免震部材を設置する。
- 免震層（床および免震部材の上下に配置される基礎を含む）を施工する。
- 免震ピットが必要な場合、山留工事、掘削工事の施工数量が増加する。
- 基礎免震の場合、擁壁工事が追加される。

などがあげられます。

図1に免震工事の基本的な作業フローを示します。この図に示すように、免震建物の施工は、免震部材下部の躯体（基礎）工事、免震部材の設置工事および免震部材上部の躯体（基礎）工事に大きく分けられます。

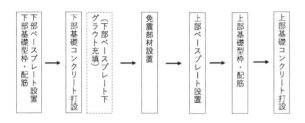

図1 免震工事・作業フローの一例[1]

（1）免震部材下部の躯体工事

下部躯体工事は、地中梁の構築と免震部材を据え付けるベースプレートのセットを含む免震基礎の構築からなり、特に免震部材の据付け精度に影響するベースプレート設置作業が、重要なポイントになります。

（2）免震部材の設置工事

免震部の工事は、ベースプレート下部のコンクリートあるいはグラウトの充填工事と免震部材（アイソレータやダンパーなど）の据付け工事がポイントです。

免震部材の重量は、小型の物でも500kgf程度あり、荷下ろし〜設置作業にはクレーンやフォークリフトなどの揚重機が必要です。

また、免震部材は受注生産品ですから、着工後、早い時期に発注しなくてはなりません。免震部材の納期は、種類や数量によっても異なりますが、10ケ月以上かかることもあるので、建築工事の受注後すみやかに部材メーカーに確認する必要があります。

（3）免震部材上部の躯体工事

上部躯体工事は、配筋・型枠・コンクリート工事と耐震建築と同様な流れですが、次のような注意事項があります。

① 免震部材上部および下部の基礎を構築する工事では、ベースプレートのアンカーボルトと鉄筋が干渉しないように検討する必要があります。

② 免震部材の近傍で溶接など火気を使用した作業を行う場合、溶接火花により免震部材が損傷しないよう養生する必要があります。

③ 免震層直上の鉄骨梁で溶接を行う場合には、鉄骨の溶接縮みにより免震部材に変形が生ずる可能性があるので、仮設拘束材を設置する必要があります。

④ 免震層上部のコンクリート工事で、材料の収縮により、免震部材に変形が生ずる可能性があるので、緩衝帯（コンクリートをあと施工とする部分）を設けるなどの対策が必要です。

⑤ 設置が完了した免震部材には、衝撃・火花・汚れなどから製品を保護するための養生（カバー）を設置する必要があります。

通常の耐震建築にはない作業工程が追加されますので、免震建築の工事工程作成には抜けや漏れがないよう注意が必要です。

参考文献
1)三井住友建設　提供

4.4 免震ベースプレートの製作管理のポイントは何ですか

免震建築の施工において、ベースプレートの製作管理がポイントになります。ベースプレートはアイソレータなどの免震部材を介して上部構造からの荷重を基礎へ伝達するという、構造的に非常に重要な役割をもっています。

(1) 設計図書で確認する項目

ベースプレートの形状・寸法はアイソレータの形状に合わせて決められている場合が多いです。板厚および取り付けボルトの径は必要強度から決定されるので、所定の寸法を守ることが必要です。
免震部材は交換可能でなければならないので、ボルト固定とする必要があります。このため、ベースプレート裏側には袋ナットまたは高ナット+アンカーボルトが取り付けられています。アンカーボルトの径、長さそしてスタッドボルトがある場合には、その径、長さ、本数等も確認します。

(2) 施工上留意する項目
① ベースプレートの孔あけ

ベースプレートには、アイソレータなどの部材を固定するための固定ボルト孔とともに、ベースプレート下部にコンクリートを密実に充填するためのコンクリート打設用の孔（150〜200φ）を中央部に設けます。また、コンクリート打設中の空気抜き用孔（30φ程度）を数か所設けます。さらにベースプレート吊上げ時に使用するアイボルト取付用の孔（タップねじ）を4か所程度設けておくのがよいでしょう。
② 位置調整用治具
（下部ベースプレート）

ベースプレート設置時にレベルおよび水平位置が調整できる機構が必要となります。そのために、治具を使用した取付方法と、位置修正後の固定方法を検討し、施工要領書に明記します。

③ 梁配筋とアンカーボルト

ベースプレートを梁の直上および直下に設置する場合、ベースプレートに取り付けられているアンカーボルトが梁配筋に干渉し、正規の位置に設置できないことがあります。これは、ベースプレートのアンカーボルトの位置がアイソレータの固定ボルトの位置にあわせて円形配置になっている場合、梁配筋はXY方向に直線的に、しかも密に配筋されているため、アンカーボルトが梁配筋に干渉してうまく納まらないことに起因しています。ベースプレートの設置計画は、施工計画の初期の段階で行われますが、この時点で梁配筋とベースプレートの位置を調整するため、3次元CADを活用するなどの詳細な検討が必要になります。

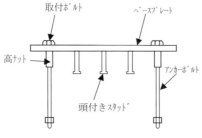

図1　ベースプレートの形状例[1]

写真1　ベースプレートの形状[1]

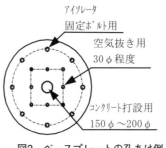

図2　ベースプレートの孔あけ例[1]

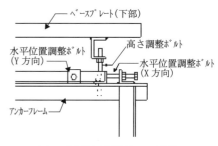

図3　位置調整用治具の一例[1]

参考文献
1) 大成建設　提供

4.5 免震部材の検査では何をするのですか

免震部材の製品検査は、製造工場において部材メーカー・工事施工者・工事監理者立会のもとで行ないます（書類による全数確認と立会での抜取検査が一般的）。検査項目・検査頻度（検査対象数）・管理基準値（合否判定基準）・不具合の処置方法は、「JSSI免震構造施工標準」などを参考にして、製作・検査要領書の内容を確認しておきます。以下、検査内容と検査にあたっての留意点を示します。

(1) 積層ゴム系支承
(a) 材料検査
使用材料（内部ゴム・被覆ゴム・内部鋼板・フランジ鋼板・鉛・錫（鉛、錫プラグ入り装置の場合））の仕様が製作・検査要領書どおりであることを書類で確認します。

(b) 外観検査・寸法検査
外観検査では、製品の種類、外観の傷・変形などを目視確認します。

寸法検査では、製作・検査要領書の寸法検査基準にしたがって、各部の寸法を測定します。測定項目は、製品高さ・ゴム部外径・上下フランジのずれ・フランジ外径・ボルト孔径・ボルト孔ピッチ・ボルト孔位置・塗装膜厚などです。

ゴムは温度による伸縮が比較的大きいため（おおむね10℃で約1mm）、製品高さについては、検査時に測定した値をゴムの線膨張係数で20℃に補正した値で判定します。そのため、検査時には本体のゴム温度も測定します。

(c) 性能検査
製作・検査要領書にしたがって性能検査を行います。判定基準は特記仕様書によりますが、特記がない場合は事前に工事監理者と協議して決定し、要領書に明記しておきます。

(d) 保管・梱包方法の確認
検査後出荷までの保管方法、出荷時の梱包（養生）方法を確認します。製品番号の表示方法、吊具付属の有無、梱包材の処分方法、現場受入れ時の立会者についても確認します。

(2) すべり系・転がり系支承
基本的な検査項目は積層ゴムと同様ですが、異なる点を以下に述べます。

すべり系支承の製品検査では、積層ゴム系アイソレータの検査項目に、材料検査ですべり材（PTFEなど）やすべり板の仕様の確認、寸法検査ですべり材直径・すべり板の辺長・平面度・表面粗度・コーティング膜厚などの測定が追加されます。なお、すべり材の摩擦係数は速度に左右されるため、性能試験の際は設計条件による速度補正を行って結果を判定します。

転がり系支承では、鋼球（ベアリング）の仕様確認が必須です。レールやリニアブロックなどの特有の材料・部位は特記仕様書にしたがい検査内容を確認し、製作・検査要領書に明記します。なお、転がり系アイソレータは性能のばらつきが大きくないため、性能検査は製造ロットごとに各タイプ1体の抜取りとするのが一般的です。

写真1 フランジのずれ測定[1] 　写真2 性能試験中の積層ゴム[1]

写真3 すべり板の平面度測定[1] 　写真4 直動転がりアイソレータ性能試験[1]

参考文献
1) 大成建設 提供

4.6 ベースプレートはどのように施工するのですか

免震部材は、上下の免震基礎を介して、上部構造と下部構造に接合されています。免震性能を十分に発揮させるには、免震部材がこれを取り付けるベースプレートを含む免震基礎と共に、躯体に十分堅固に精度よく固定されていなければなりません。

(1) ベースプレートの設置と位置精度の確保

ベースプレートは、コンクリート打設の際に動かないよう、しっかり固定することが重要です。一般的に行われているのは、アンカーフレームと呼ばれる専用の架台を、基礎躯体に打ち込み上部にベースプレートを固定する方法です（写真1）。アンカーフレームにはレベル調整機構（図1）を設

け、レベルおよび傾きを微調整できるようにします。調整後、ベースプレートをアンカーフレームにしっかりと固定する必要があります。

(2) ベースプレート下部の充填工法

ベースプレート下部を充填する方法には、コンクリート充填工法とグラウト充填工法があります。
コンクリート充填工法（図2）には、ベースプレート中央部の打設孔に圧送管を接続してポンプで加圧する方法とバケットや専用ホッパー等を用いてコンクリートを打設する方法があります。中央からプレート外周方向へ同心円状に広がっていくコンクリート流をつくり、プレート下面の気泡をベースプレートの外へ追いやるように施工します。充填コンクリートには高流動コンクリートが一般的に用いられます。
なお、実際の免震基礎施工においては、ベース

写真1　アンカーフレーム（例）[1]

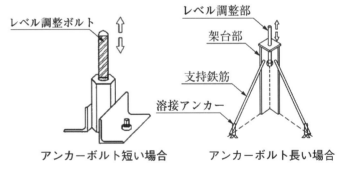

図1　レベル調整機構（例）[2]

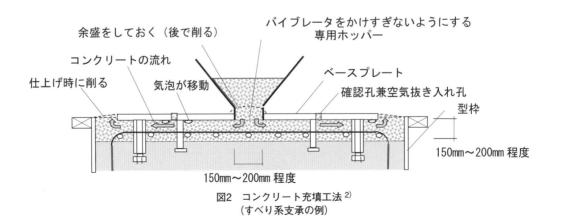

図2　コンクリート充填工法[2]
（すべり系支承の例）

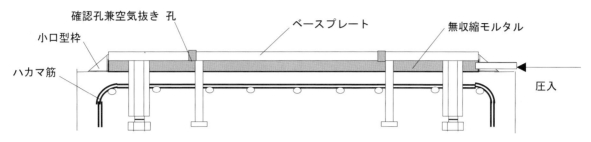

確認孔兼空気抜き 孔　　　　　　ベースプレート　　　　　　無収縮モルタル

小口型枠

ハカマ筋

圧入

図3　グラウト充填工法 [2]
（すべり系支承の例）

プレートの大きさや打設環境もさまざまです。目標とする充填率を確実に達成するため、実施工を模擬した充填性確認試験を行うべきです。

グラウト充填工法（図3）は、先行打設コンクリートとベースプレートの間を30〜50mm程度残しておき、そこに無収縮モルタル（グラウト材）をポンプ圧入する工法です。充填状況を確認するための確認孔（空気抜き孔と兼用）の配置や、グラウト材の流動性および粘性についても十分に検討しなければなりません。なお、設計図書にグラウト材料の指定がない場合は、材料・強度等を工事監理者と協議し、使用材料を決定する必要があります。

参考文献
1) 大成建設　提供
2) JSSI免震構造施工標準2021, 経済調査会

4.7 免震部材の設置作業における ポイントは何ですか

免震部材の取付けにあたって留意すべき事項を
以下に述べます。

(1) 積層ゴム系アイソレータの取付け
(a) 工程計画、搬入計画
1日の取付け数はおおむね10〜15基程度を目安
に計画します。免震部材は重量物のため搬入車
両も大型になるので、その大きさと台数、搬入経
路の通行規制、現場出入口の幅・高さなどを確
認します。

(b) 揚重計画
積層ゴム系アイソレータは1基の質量が約2ton
（1000φ）から10ton（1600φ）以上にもなる重量
物で、揚重機の吊り能力と作業半径の検討は重
要です。作業半径が大きく、揚重機に極端に大
きな能力が必要になる場合は、小型の重機を免
震層に設置して免震部材の取付けを行うことも検
討します（写真1）。

写真1　小型重機の使用例 [1]

(c) 設置方法
ワイヤは4点吊りを基本として取り付け作業中に
部材が傾いたりしないよう、常に水平を保つよう
にします（写真2）。

写真2　免震部材の設置状況 [1]

取付けボルトの締付けは設計図書でトルク指定さ
れることが一般的です。ボルト径ごとに設定され
た所定のトルクで締め付け作業を行う必要があり
ます。また、工事の進捗に伴い、アイソレータに
建物重量が作用するとボルトが緩むことがありま
す。竣工前にトルクを再確認する（増し締めする）
必要があり、確認後に維持管理用のマーキング
を施します。

(2) すべり系・転がり系アイソレータの取付け
すべり系・転がり系アイソレータにはさまざまな種
類や形状がありますが、取付けにあたっては、積
層ゴム系アイソレータで述べた留意事項に加え
て、いくつかの注意点があります。

(a) 施工精度
すべり系・転がり系アイソレータは、小さな水平力
で滑動する機構のため、設置面は水平でなけれ
ばなりません。設置面の傾きが装置の摩擦抵抗よ
りも大きくなると自重で動き出してしまうことになり
ます。文献2）では、設置面の傾きは1/500を管理
値とするよう記載しています。

(b) 仮設拘束材（仮固定）
現場搬入時に部材に取り付けられている固定治
具は、運搬時の支承の変位防止を目的としてお
り、あまり大きな力には耐えられません。施工中
にアイソレータが動かないように拘束する場合
は、運搬時用治具とは別の仮設拘束材による仮

写真3　すべり面養生・吊込み [1]

写真4 レール部の養生と運搬時仮固定 [1]

固定が必要です。一般に、この仮設拘束材は直上階の躯体を支える支保工が解体された時点で解除(撤去)します。

(c)すべり面・転がり面の養生

すべり面や転がり面に汚れ・水分・油分などが付着すると、摩擦係数が変化したり動きが阻害されるので、アイソレータはその本来の機能を発揮できないばかりか建物の免震性能に悪影響を与えかねません。施工中は必然的に屋外で露天とな

るので、すべり面や転がり面を初期状態に維持するよう養生することは現場施工の重要なポイントです。

参考文献
1)大成建設　提供
2)JSSI免震構造施工標準2021, 経済調査会

4.8 SRC造やS造の場合の建て方は どのようにするのですか

「JSSI免震構造施工標準」では、免震部材の施工精度管理基準の管理項目として「下部ベースプレートの据付精度」を取り上げています。これは高い寸法精度で製作される免震部材を用いるので、下部ベースプレートの位置を管理項目とすれば免震部材の設置精度は必然的に確保できるという考え方に基づいています。

積層ゴム系アイソレータの場合、上部躯体がRC造であれば、躯体構築がアイソレータに悪影響を及ぼすことは少なく、言い換えれば、上部躯体とアイソレータの取合部におけるなじみがよく、無理な力がかかりにくいのですが、上部躯体がSRC造、S造など鉄骨系フレームの場合、上部ベースプレートやアンカーボルト位置の誤差を鉄骨柱脚のずれとして建入れ直しなどを行うと、鉄骨よりも剛性の低いアイソレータに過大な曲げ・ねじれ・水平移動が生じることになります。

これに対し、免震部材周辺の躯体工事の管理基準値を厳しくすることで極力、建入れ直し自体を減らすような対策は現実的ではありません。以下の対策を組み合わせて施工誤差を最小化する計画が必要です。

①上部ベースプレート据付け後にアンカーボルト位置を実測し、それに基づき鉄骨ベースプレートのボルト孔加工を行うことで、施工誤差を吸収する。（ただし、工程上の余裕を見込んでおく必要があります）

②上部ベースプレートと鉄骨柱脚との取合部に誤差を吸収できる工夫をする。

③免震部材に変形が生じないよう、鉄骨建て方用の仮設拘束材を設ける。

上記②と③の具体例を図1に示します。仮設拘束材で免震部材を固定した上で、鉄骨柱の建て方を行い、位置調整後に柱脚ベースプレート下にグラウトを充填します。

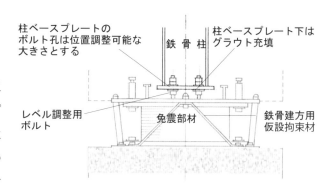

図1 上部ベースプレートと鉄骨柱脚の取合部で 誤差吸収する納まりの例 [1]

ここでは、SRC造の場合を取り上げて事例を紹介しましたが、上部構造がS造で柱脚と免震部材が直接接合される場合、写真1に示すように位置精度を鉄骨部材の製作精度で達成することが基本となるので、十分な検討期間と製作工程を確保する必要があります。そして、それでも生じる施工誤差を吸収する対策を考えておかねばなりません。

写真1 積層ゴム系アイソレータの上に 鉄骨部材を直接設置する例 [1]

積層ゴム系アイソレータの直上で鉄骨建て方がある場合、免震部材や施工の管理基準値をどこまで厳しい値とするのか、位置精度の誤差を吸収するため鉄骨柱脚部をどのようなディテールとすれば良いか、施工計画を立案する段階で設計者・工事監理者と鉄骨製作者を交えて詳細な検討を行う必要があります。

参考文献
1）大成建設 提供

4.9 免震部材を使った耐震改修の施工方法はどうするのですか

建物を使用状態のまま免震改修する免震レトロフィット工事の場合、新築とは異なり、柱がすでに上階の重量を支えているため、免震部材を建物へ安全かつ確実に挿入する施工計画がキーポイントとなります。

特に、施工中の耐震安全性の確保が課題となりますが、施工中の耐震安全性確保の考え方には、次の三つが考えられます。

① 完成時と同等の耐震安全性を確保する。

② ある地震レベルに対して耐震安全性を確保する。

③ 既存の建物と同等の安全性を確保する。

完成して初めて耐震性に優れた免震建物となる免震レトロフィット工事の場合、施工中にも完成時と同等の安全性を確保するケースは少なく、多くの場合②および③の考え方で施工されています。また②の場合、最大加速度200Gal（水平震度0.2）程度の地震レベルに対して安全性を確保している例が多いようです。

施工中、免震層となる位置で建物が切断された状態で地震に遭遇し、建物が危険な状態となることを防ぐため、下記のような方法で免震層を固定し耐震安全性を確保します。

- ・鉄骨などの耐震ブレースを設置する。（写真1）
- ・切断した耐震壁や柱などに鋼製プレートを取り付ける。（写真2）
- ・外周部に新設したピット部に切梁を設置する。（写真3）
- ・免震部材を鋼製のプレートで固定する。（写真4）

また、免震層を固定することで力の集中する位置が変わり既存躯体の鉛直支持力が不足する場合には、下記のような方法で既存躯体を補強し耐震安全性を確保します。

- ・既存杭を鋼管で補強する。（写真5）
- ・既存の柱を鋼管で補強する。（写真6）

なお、すべての免震部材が建物に挿入され、建物が免震建築として機能する状態になった後は、免震構造と耐震構造が混在する不安定な期間を極力短くするため、仮設の耐震要素や補強部材をできるだけ短い作業期間で撤去するための計画が必要です。

参考文献
1）大成建設 提供

写真1　鉄骨ブレース補強[1]

写真3　ピット部の切梁補強[1]

写真5　杭の鋼管補強[1]

写真2　鋼製プレート補強[1]

写真4　免震部材の鋼製プレート補強[1]

写真6　柱の鋼管補強[1]

4.10 免震部材の取替えは どのようにするのですか

現在、新規に施工される免震建物では、国土交通大臣により認定された免震部材のみが使用可能です。認定を受ける段階で、免震部材の耐用年数などを厳しく審査するので、適正に維持管理されている免震部材なら60年程度は問題なく使用できると考えられます。しかし、想定できない事象に備えて将来的に免震部材を交換できる計画を立案しておく必要があります。「平成12年建設省告示第2009号」にも「必要に応じて免震材料の交換を行うことのできる構造とすること」と規定されています。

免震部材の交換が必要になる理由として、人為的な損傷、火災による損傷、想定以上の大地震による損傷、維持管理不足による錆・腐食、免震層の環境が劣悪で予想以上に劣化が進んだ場合、そして研究開発、将来開発されるであろうより高機能な免震部材への交換等が考えられます。実際に免震部材の交換工事を行った際の状況を写真1に示します。

写真1　免震部材の交換 [1]
（左:ジャッキアップ後、部材の引き出し、右:部材の再挿入）

（1）免震部材の交換の考え方

免震部材を取り替える場合、免震部材の搬入・搬出、取替えルートの確保に加え、交換中に上階の重量を仮支えするためのジャッキアップに耐えられる躯体の強度が必要になります。さらに搬入・搬出のための開口が無いと、スラブまたは擁壁を一部撤去するなどして、免震層へのルートを確保する必要が生じます。あらかじめ取替え

ルートが考えられていないと設備配管が干渉して、設備配管を盛り換えないと交換ができなくなることが予想されます。また、現状の躯体がジャッキアップに耐えられない構造の場合、大規模な補強が必要になります。なお、建物を使用しながら免震部材を交換することも可能ですが、交換工事中の耐震安全性については国土交通省が発行する『免震材料の交換改修工事中の建築物の安全性のガイドライン』（平成27年7月）に基づき作業計画を立案し、事前に設計者の確認を受け、建築主の合意を得る必要があります。

万が一起こる将来的な費用を考えて事前にどの程度対応しておくかは、建築主と設計者との協議により決まります。

（2）施工上の配慮

免震部材は、取替え可能なように、躯体にボルト接合されています。つまり、ボルトを外せば取替え可能な構造になっています。取り付け時に、ボルトを設計者の指定値以上に締めすぎてしまうと、交換時にボルトが取り外せなくなることも考えられるので、均等に指定のトルクで締め付けることが大切です。締付け管理については、あらかじめ工事監理者・設計者と十分協議する必要があります。

設計図書に免震部材の搬入・搬出用のマシンハッチなどが無い場合、あるいは取替えルートが記載されていない場合にも設計者に確認する必要があります。免震部材は重量5tf（重量50kN）を超えるものもあり、吊りフックの有無や搬入ルートのスラブの強度確認も必要になります。

取替えルートは、設備配管との干渉が問題になる場合が多いので、指定されたルートを確保できるように早い段階で、設備業者および設計者・工事監理者を含めての協議が必要になります。

参考文献
1) 大成建設　提供

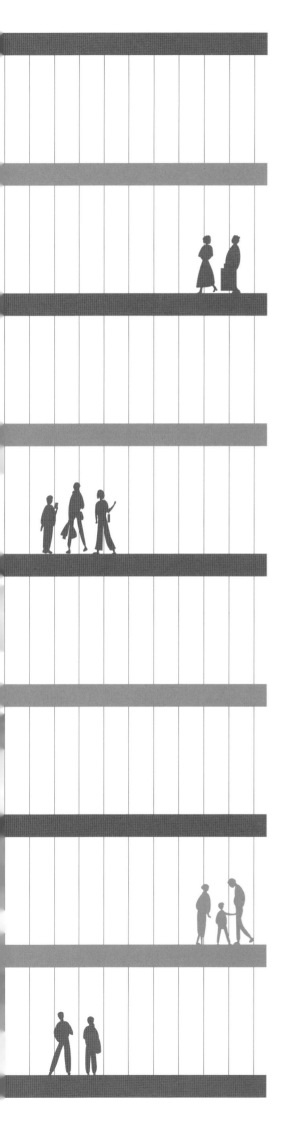

第 5 章

免震建築の維持管理

5.1 維持管理（検査・点検）が必要なのですか

（1）維持管理の必要性

建築基準法第8条（維持保全）は、「建築物の所有者、管理者又は占有者は、その建築物の敷地、構造及び建築設備を常時適法な状態に維持するように努めなければならない。」と規定しています。免震建築は、地震時に免震部材により入力する地震力を大幅に低減することから、地震時の建物の安全性の多くの部分を免震部材に依存しており、地震時にその機能を十分発揮することが求められます。したがって、免震部材の健全性を含む免震機能の維持管理がきわめて重要となります。また免震建築の性格上、安易な増改築や用途変更など改変を行うことは免震機能に重大な影響を与える可能性があります。免震建築を改変する場合、法的な対応も含め設計者に相談するなど慎重な対応が求められます。

（2）免震機能維持のための検査・点検

免震建築は、地震時に地盤と建物の相対水平変位が大きく、建物周辺に可動範囲、躯体相互などにはクリアランスが設定されています。（図1. 図2）設備配管や電気配線もそれらの変位に追随する必要があります。免震建築は、構造のみならず建築計画や設備配管や電気配線についても免震建築の特性に対し十分に配慮した設計や施工を行います。竣工時には、施工者の責任において検査を行い不具合があれば修正し、今後の維持管理の初期値となるデータを集積します。竣工後は、建物所有者あるいは建物管理者の責任において、定期的な点検や災害などが発生した直後、免震機能の点検が対象となります。免震建築の点検の専門家として日本免震構造協会が認定する「免震建物点検技術者」の制度があり、免震建物について一定の知識をもった多くの点検技術者が全国で点検業務を担っています。

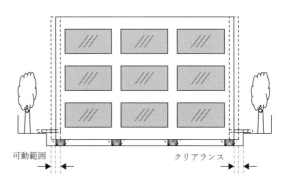

図1　免震建築の可動範囲とクリアランス[1]

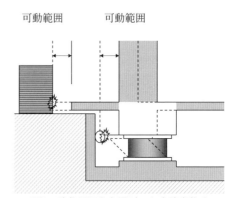

図2　建物周辺と免震ピット内障害物[1]

（3）計画的な維持管理

免震建築は、その存在期間中にあるいは災害などの発生後に点検を行いますが、建物の存在期間や点検の間隔が長いことから、建物所有者や点検担当者が変わることも多く、その中で維持管理の必要性ならびに維持管理の記録を確実に受け継いでいく必要があります。したがって、設計図書や取扱説明書に「維持管理計画書」を添付し、各種検査・点検報告書は文書の形で数十年に渡り計画的に引き継いで行くことが大切となります。

参考文献
1) 免震建物の維持管理基準, 2022, JSSI

5.2　維持管理はどのようにするのですか

(1) 維持管理の基本事項
免震建築の維持管理用の検査・点検は、原則として「免震建物点検技術者」が実施することとしています。施工者の責任で行う竣工時の検査、建物所有者あるいは管理者の責任で行う各種点検では、費用が発生することから、設計図書に明記するとともに、建物所有者などに周知徹底を図る必要があります。

(2) 検査・点検の種別と概要
検査・点検方法は、管理値を含め設計者が定めることとしていますが、日本免震構造協会では「免震建物の維持管理基準」を定め、そのよりどころとしています。基準では、免震建築の検査・点検を下記6種類に分類しています。

(a)竣工時検査
建物竣工時に施工者が、施工状況の最終確認と今後の維持管理の初期値を収集する目的で実施し、免震部材は、計測も含む検査を全数行い、不具合は修正します。

(b)通常点検
建物所有者あるいは管理者が目視を中心に毎年実施する点検です。

(c)定期点検
建物所有者あるいは管理者が建物竣工後5年、10年、以後10年ごとに実施する計測を含めた点検です。

(d)応急点検
災害被災時に実施する点検で、迅速を要するため、目視を原則としています。災害発生時とは、当該敷地においておおむね震度5弱以上の地震、風速30m/秒以上の強風、水害および火災の影響が免震層におよんだ場合としています。

(e)詳細点検
定期点検や応急点検で、免震部材などに異常が認められた場合、原因の把握と対応を検討するため、計測を含めた詳細点検を実施します。

(f)更新工事後点検
免震層内ならびに建物外周部で免震機能にかかわりがある工事を行った場合に実施します。点検範囲は、更新工事が影響を及ぼす範囲とし点検個所および点検項目は、竣工時検査に準じます。

(3) 検査・点検の内容
検査・点検の概要を表1に示します。

(4) 維持管理体制
免震建物の標準的な維持管理体制を図1に示します。

表1　維持管理の検査・点検内容[1]

維持点検種別	実施時期	実施責任者	維持点検項目	箇所	方法	管理値
竣工時検査	建物竣工時	施工者	免震部材、設備配管、電気設備、免震層、建物外周部、その他	全数	目視・計測	設計者が定める
通常点検	毎年	建物所有者または建物管理者	竣工時検査内容について目視を中心とした点検	全数	目視	設計者が定める
定期点検	竣工後5年、10年、以後10年毎		竣工時検査から絞り込んだ項目	目視は全数、計測は抜取り	目視・計測	
応急点検	災害被災時		通常点検に準じる	全数	目視	
詳細点検	点検などで異常が認められた場合		異常が認められた部位を中心に	設計者が定める	目視・計測	
更新工事後点検	免震機能に影響する工事後		工事箇所ならびに影響範囲	工事範囲全数	目視・計測	

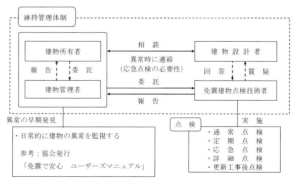

図1　維持管理体制図[1]

参考文献
1) 免震建物の維持管理基準, 2022, JSSI

5.3 維持管理の費用は
どのようになりますか

竣工時検査は、施工者の責任において実施することになっており、工事費に含むのが一般的です。その場合は請負契約書に明示する必要があります。建物引渡し後の定期点検や応急点検および詳細点検は、建物所有者あるいは管理者が実施するため、建物所有者あるいは建物管理者が負担します。請負契約や建物引渡し時に費用負担について明確にしておく必要があります。

（1）竣工時検査

竣工時検査は、原則全数検査となりますので、その費用は、建物規模　免震部材の基数　建設地への交通費等により大きく変わるので事前に確認が必要です。なお、積層ゴムに代表されるアイソレータは、メーカーによりあらかじめ製品価格に竣工時検査費用が含まれている場合もあり、検査費用もそれにより変わるため事前に確認しておく必要があります。竣工時検査での指摘事項は、施工者の責任で修正します。大規模な免震建物では、竣工時検査時点で不具合を指摘されても修正が間に合わないことも考えられるので、工事の進捗に併せて中間検査の実施を推奨しています。

（2）通常点検

通常点検は、目視を主体として毎年実施する点検です。比較的簡易な点検のため、建物が遠方で交通費がかかる場合や大規模な場合は別として報告書作成費を含め1回数万円程度です。

（3）定期点検

定期点検は、竣工後5年10年以後10年ごとに実施する計測も含めた点検です。手間がかかるため数十万円程度となります。免震部材は抜取検査のため、部材総数が多くても同種部材を多用している場合は、点検部材数が少なくなります。

（4）応急点検

原則目視点検のため、通常に準じますが、災害の規模により交通網が寸断されたり、場合により専門家を派遣する場合は、その費用も加わります。

（5）詳細点検

基本的に定期点検に準じ、計測を含めた点検のため費用もそれに準じます。被災状況によっては局所的に精密な測定や、設計者が同行し、発生した事象の分析を行う場合もあり、それらの費用は別途加算されます。

（6）更新工事後点検

更新工事後の点検は、竣工時検査に準じて、工事範囲について原則計測を含めた全数点検を行いますが、一般的に竣工時検査より範囲が限定されているため、竣工時検査ほどの費用は要しないと思われます。

5.4　維持管理はどこへ頼めばよいですか

検査・点検を実施する業者は、検査・点検専門業者や免震部材メーカーの関連会社など全国に数多くあります。検査・点検の品質を考え、価格だけではなく最低限「免震建物点検技術者」が複数在籍する業者を選定するのが望ましいです。日本免震構造協会には、会員に検査・点検会社もありますので業者選定の相談も行っています。

（1）検査・点検の実施者

検査点検の実施者を表1に示し、以下に留意事項などを記します。

表1　検査・点検の種別と実施

検査・点検の種類	依頼者	実施者	実施方法	留意事項
竣工時検査	施工者	免震建物点検技術者、製造者が実施	計測を含む	設計者立会いなど
通常点検	建物所有者または建物管理者	検査・点検専門業者（免震建物点検技術者が実施）	目視が主体	
定期点検			計測を含む	
応急点検			目視が主体	余震など安全に注意
詳細点検			計測を含む	設計者、部材メーカー立会いなど
更新工事後点検			計測を含む	設計者、部材メーカー立会いなど

（a）竣工時検査

竣工時検査は、原則全数検査かつ計測を伴うため、各種検査・点検の中で最も費用がかかります。この検査により集積されたデータは、今後の維持管理における点検結果と照合する初期値となるため、品質が信頼できる業者に依頼することをお勧めします。竣工時検査に先立って行われる中間検査は、設計図では読み取れない事象や設計から施工に移る段階で見落としがちな、設備配管の経路や可撓継手の位置や納まりが、免震機能に支障がないか、それぞれの機器や躯体とのクリアランスが確保されているかをチェックする目的で行うため、免震について一定の知識を保有する「免震建物点検技術者」が実施することが必要です。

（b）通常点検

通常点検は、免震機能の異常や不具合の早期発見を目的とし、目視を中心として毎年実施します。間隔が長く設定されている定期点検では手遅れとなる不具合の発見につながる重要な点検です。

（c）定期点検

定期点検は、建物が存在する数十年間にわたり実施し、建物所有者や管理者も代わることが予想されるため蓄積される点検データの保存に細心の注意を払う必要があります。

（d）応急点検

大規模災害が発生した場合、点検業者には短期間に多くの業務が集中するため業者を選定するなどの時間的な余裕がなくなりますので、平時に応急点検実施の取決めを行っておき、災害時は速やかに点検ができる体制が必要です。

（e）詳細点検

応急点検の結果、重大な損傷などが見られた場合は、応急点検を実施した業者に引き続き依頼することもありますが、設計者や免震部材製造者の専門家も参加することがありますので留意が必要です。

（f）更新工事後点検

更新工事後点検は、竣工時検査に準じますが、更新工事の内容により、点検業者のみではなく、設備関係の更新であれば可撓継手など設備の専門家、増改築であれば設計者が立ち会うことがあります。

（2）検査・点検のその他留意事項

免震建築の検査・点検は、原則「免震建物点検技術者」が実施することとしていますが、「免震建物の維持管理基準」では測定方法のほか計測精度も定められており、専用の計測機器が必要となります。

第6章

用途別実施例

本実施例は、一般社団法人日本免震構造協会の協会賞を受賞した建物および会誌「MENSHIN」の「免震建築紹介」に掲載された建物からさまざまな用途の事例を抜粋し、掲載しています。これらの実施例は、基礎免震構造、中間層免震構造が多数となっていますが、大屋根の支承材として積層ゴム支承などの免震部材（支承）が用いられた事例のように、建築物の支持材以外に使われたものもあります。

建物名は、上記受賞時および掲載時の名称を基本としています。

建物用途	建物名	建物の特徴
事務所	NIPPO本社ビル	立地特性を生かした架構計画、天井を貼らない躯体あらわしのBCP建築
	YKK80ビル	免震構造と柱CFT大梁SRC架構を採用し、天井高の高い快適なワークプレイスと高い耐震性能を実現したオフィスビル
	笹川平和財団ビル	快適性と安全性を兼ね備えた、免震+制震の外殻構造による、偏心コアコラムレスオフィス
庁舎	嘉麻市庁舎	トリプルチューブ架構とボイドスラブにより、開放的な執務空間を実現した、コンパクトなRC造庁舎建築
	高知県自治会館	巨大地震対応、県産木材利用の木構造実現のため中間層免震を採用した津波避難ビル
	アオーレ長岡	免震支承で支持された大屋根の半屋外広場を中心とした、庁舎、アリーナ機能を併せ持つ複合施設
スタジアム	このはなアリーナ	基準法の1.5倍の地震力に対して安心に木材を使うため、屋根の支持材に免震支承を採用
交通施設	大阪駅大屋根	振動性状が異なる2つ架構間に架ける、駅施上空の大空間構造に、地震力低減を目的に免震採用
学校	近畿大学 ACADEMIC THEATER	規模及び構造形式が異なる5棟を一体とした免震構造で、各建物の特性を生かした構造計画の実現
神社	水天宮御造替	敷地全体に広がる低層部分を一体とし直下に免震層を設け、その上に全ての建物を配置
ホテル	JR東日本 ホテルメッツ札幌	間仕切りを構造体とし、45度の線対称プランの、壁とスラブによるフラットな上部架構
免震レトロフィット	慶應三田キャンパス 図書館旧館	震災・戦災の過去2度の災害から都度復旧した、重要文化財建造物図書館の免震改修
	小津本館ビル	テナントへの影響、敷地条件から、1階および上下階が主工事範囲となる1階柱頭免震改修を採用
病院	岐阜市民病院	狭隘な敷地でスペースがない中で、既存病棟を跨ぐ形での新病院の改築を、制振・免震技術で実現
集合住宅	ガーデニエール砧WEST	免震層上に開放性の高いファサードの壁構造住戸ユニットを配置、複雑な建物形状をEXP.J無しで実現
研究所	小野薬品工業 水無瀬研究所 第3研究棟	ものづくり拠点として、BCP対策の観点から大地震後も建物機能時保持、PCaPC造にて大スパン化
物流倉庫	山九(株) 西神戸流通センター	BCPを考慮して、球面すべり支承を用いて免震化した鉄骨造ブレース付きラーメン構造の物流倉庫

6.1　事務所

NIPPO 本社ビル

写真1　立地特性を活かしたNIPPO本社ビル
（撮影：川澄・小林研二写真事務所）

建築概要

建築名称：NIPPO本社ビル

建設場所：東京都中央区

建 築 主：(株)NIPPO

設計・監理：(株)日本設計、(株)NIPPO

施 工 者：NIPPO・大日本土木建設工事共同企業体

竣 工：2018年6月

建築面積：584.75m²

延床面積：5,397.91m²

階 数：地上10階、地下1階

構造形式：プレキャストプレストレストコンクリート造

立地特性を活かした架構計画

計画地は北側、東側が久安橋公園に面し、かつ眺望が開けた場所であり、首都高速からも見渡せる抜群のロケーションにある。一方、計画地には旧本社ビルが建設されていたこともあり、地下外壁や杭が残置されている。また、首都高速ができる以前は水運であったことから、地下外壁近傍には護岸が残置されており、敷地に制約条件も存在していた。我々は、NIPPOらしさを体現する本社ビルの実現を目指すとともに、敷地の制約条件をプラスに捉え建築・構造計画を進めることにした。具体的には、建物の北側と東側の眺望を最優先にし、かつ既存杭、護岸の干渉を避ける架構計画を考えた。執務

室はものづくりの会社であることを意匠表現するために、天井を貼らずに躯体を現しにすることにした。また、躯体はプレキャストプレストレストコンクリート造とすることで、美観性、施工性に配慮した。

免震構造が可能とした構造計画

NIPPO本社ビルはBCPの観点から免震構造を採用している。短辺方向は心棒+曲げ戻しを期待する柱で構成し、首都高速道路側（東側）に向かって梁にテーパーをつける架構計画としているが、免震構造を採用することで、地震力から解放することで成立させている。また、プレキャストプレストレストコンクリート構造の採用は、プレストレスの特徴である非線形弾性の性質を取り入れ、鋼材の高い復元性による元の性状に戻る性質と、免震構造の上部構造の設計では慣性力が頭打ちとなることを利用することで、より建物の健全性を確保した設計が実現できる。　　　　（日本設計）

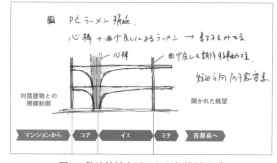

図1　敷地特性を活かした架構計画[1]

写真2　躯体を現しにした開放感のあるワークプレイス
（撮影：川澄・小林研二写真事務所）

参考文献

1）会誌「MENSHIN」102号, p15, 2018, JSSI

6.1 事務所

YKK80 ビル

柱CFT 梁SRC造の実現 YKK80 ビル

制約のあるL字型の敷地条件、地区計画による厳しい高さ制限の中で、可能な限り天井高の高い快適なワークプレイスを生み出すため、建築計画・設備計画に整合した新たな架構による構造計画と本社機能として求められる高い耐震性能を確保するために、免震構造を効果的に採用した建物である。

写真1　建物全景

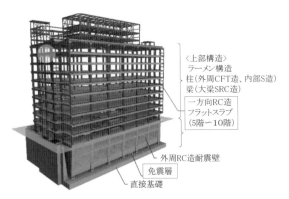

〈上部構造〉
ラーメン構造
柱（外周CFT造、内部S造）
梁（大梁SRC造）
一方向RC造
フラットスラブ
（5階－10階）

外周RC造耐震壁
免震層
直接基礎

図1　架構概念図 [1]

構造計画

本建物は本社機能を有しているため、大地震時に無被害あるいは軽微な被害にとどめるハイグレードな構造性能を求められた。

CFT柱とSRC大梁のラーメン架構という特徴的な架構計画と、基準階においてはスラブ厚さ300mm、スパン9.84mの一方向ハーフPCスラブを採用することで、階高3.85mに対して天井高2.8mを確保している。

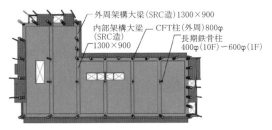

外周架構大梁（SRC造）1300×900
内部架構大梁　CFT柱（外周）800φ
（SRC造）　　長期鉄骨柱
1300×900　　400φ（10F）－600φ（1F）

図2　基準階伏図 [2]

免震部材の選定

4種類の免震部材（鉛プラグ入り積層ゴムアイソレータ、積層ゴムアイソレータ、滑り支承、オイルダンパー）を併用したシステムとし、中小地震・暴風から大地震とあらゆる荷重レベルに有効な設計とした。

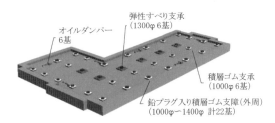

弾性すべり支承
（1300φ 6基）
オイルダンパー
6基
積層ゴム支承
（1000φ 6基）
鉛プラグ入り積層ゴム支障（外周）
（1000φ－1400φ 計22基）

図3　免震部材配置図 [2]

柱 CFT 大梁 SRC 架構の設計・検証

通常、SRC大梁にはSRC柱を取り合わせるが、少しでも平面上の空間を確保するため、CFT柱にSRC大梁が取り合う接合形式とした。接合部では十分な長さのシャーパネル部を確保し、SRC柱として配筋を行い、SRC梁主筋をシャーパネルに定着することで梁主筋の応力を鋼管部に溶接された頭付きスタッドに伝達させる機構とした。施工段階においては、本架構の1/2試験体による載荷試験を実施し、設計で想定した合成耐力、履歴特性が確保できることを確認している。　　（日建設計）

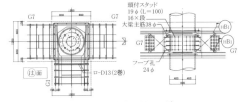

頭付スタッド
19φ（L=100）
16φ段－
大梁主筋38φ

ロ-D13（2巻）
フープ孔
24φ

図4　接合部詳細図 [2]

参考文献
1) 会誌「MENSHIN」110号 p21, 2020, JSSI
2) 会誌「MENSHIN」110号 p22, 2020, JSSI

6.1 事務所

笹川平和財団ビル

写真1　建築・構造・環境計画の統合を図ったファザード計画
（撮影：川澄・小林研二写真事務所）

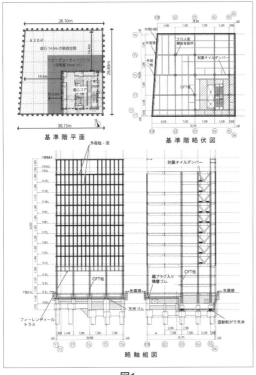

図1

「免震＋制震の外殻構造」による偏心コアを有するコラムレスオフィス

「免震＋制震の外殻構造」の採用により、高い耐震性の確保に加え、使い易さを追求したコンパクトな偏心コアとコラムレスの執務空間を実現している。免震による減衰効果により偏心コアによるねじれ振動を抑制し、制震（コアにオイルダンパー付加）による上部架構の更なる応答低減効果により外殻フレーム部材の縮小化を図っている。外殻アウトフレームの採用により、オフィスの使い易さを向上させ、さらに梁を庇、柱を縦ルーバーの環境装置として機能させ、日射遮蔽効果により空調負荷を低減させている。外殻細柱は4階のフィーレンディールトラスを介してピロティ柱へ繋がっており、柱を集約し、免震支承と杭の設計を合理化するとともに、3層吹抜けの解放的な空間を創出し、街と繋がるオフィスを構築し、地域に貢献している。

免震層は、B1階柱頭エリアとB1階基礎下エリアに使い分けた。B1階柱頭部は、擁壁厚を薄くでき、地下面積を最大限に確保した。コア部の免震層レベルを基礎下とすることで、階段やEV用のクリアランスや免震EXP.Jをなくし、コンパクトなコア計画とした。

（松田平田設計）

写真2　機能性を追求した使いやすいコラムレスオフィス
（撮影：川澄・小林研二写真事務所）

写真3　街と繋がる3層吹き抜けのピロティ空間
（撮影：川澄・小林研二写真事務所）

嘉麻市庁舎

写真1　西面外観
（撮影：八代写真事務所）

建築概要

建　設　地：福岡県嘉麻市

建　築　主：嘉麻市

設　　　計：株式会社　久米設計

施　　　工：株式会社　淺沼組

建築面積：2,760.74m²　延床面積：9,652.99m²

階　　　数：地上6階、地下なし

高　　　さ：24.72m

構造種別：鉄筋コンクリート造　一部 鉄骨造

免震化した経緯及び企画設計

2016年4月の熊本地震を受け、九州内で実質的に最初に公告された市庁舎のプロポーザルが嘉麻市新庁舎計画であり、大地震後も業務継続が可能となる、防災拠点庁舎の提案が求められた。本計画の骨子は、安心・安全性の確保のための基礎免震構造の採用を主軸とし、落下物の心配のない「コンクリート打ち放しの直天井」、コスト削減のための「コンパクトな正方形平面」、建物全体の剛性を高めることで免震層の効率的な長周期化を実現させる「扁平断面の柱梁によるトリプルチューブ構造」である。

技術の創意工夫

本建築はアウトフレーム3.6mスパン、インナーフレーム7.2mスパンのトリプルチューブ架構で各階を構成しており、43.2m×43.2mの正方形平面を基本

としている。周辺環境と調和したコンパクトな庁舎建築とするために、階高を極限まで抑制しながらも天井高およびスパンの大きな開放的な執務空間を実現させることが命題であった。執務室の床の構造に厚さ450mmのボイドスラブを採用することで梁型のないフラットな天井面とし、支持長さの大きくなる隅角部にはプレストレスを導入してひび割れ抑制を図った。また、外周部のアウトフレームで直射太陽光は遮るが（年間冷房負荷を50%程度削減）、シームレスに連続した躯体天井面を介して柔らかな光を室内に導く計画としている。アウトフレームの奥行き・形状・ピッチは日射制御シミュレーション等により設定した。庁舎内のサインを兼用したインナーフレームの扁平柱に地震力の多く（60%以上）を負担させ、トリプルチューブ構造として、剛性・耐力の高い骨組とすることで、免震効果を最大限に発揮させることができ、床応答加速度の抑制（100〜200gal程度）に貢献している。　　　　　　　（久米設計）

写真2　1F待合ロビー　（撮影：八代写真事務所）

写真3　1〜4Fエコボイド　（撮影：八代写真事務所）

6.2 庁舎

高知県自治会館
- RC と木造の立面混構造 中間層免震 -

写真1　建物外観（撮影：川辺明伸）

写真2　建物内観（撮影：竹中工務店）

建築概要

建　設　地：高知県高知市
建　築　主：高知県市町村総合事務組合
設　　　計：細木建築研究所
構造設計：桜設計集団＋樅建築事務所
施　　　工：(株)竹中工務店
建築面積：661.91m²
延床面積：3,659m²
階　　　数：地上6階、地下0階　高さ：30.995m
構造種別：RC造（1-3階）＋木造（4-6階）

免震化した経緯及び企画設計等

M9クラスの南海トラフ巨大地震に対応した耐震性能と、高知県産の木材をを使用した6階建の木構造を実現するため、免震構造を採用した。また、高さ2mの津波に対応した津波非難ビルとするため1F上部を免震層とする中間層免震とし、都市型の中高層木造オフィスビルのプロトタイプを目指して計画を行った。

技術の創意工夫、新規性及び強調すべき内容等

構造体である木材を効果的に見せるため、意匠的にも特徴となっている150角（スギ）の木ブレースを南北面のファサードに現しにして使用している。また、木造階の剛性・耐力を上げるためCLTを耐力壁として用い、実大実験及びFEMによる詳細解析によってその性能を検証、設計に取り入れている。上層部を木造とした立面混構造の免震ビルは、実例も無く検討の初期段階から、質点系モデルの他、部材レベルでモデル化を行った詳細な解析モデルで応答解析を行い、局部的な応答や、水平構面の挙動など細部の応力の検証を行い設計を進めている。

（桜設計集団構造設計室）

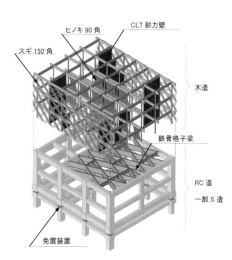

図1　建物構成図 [1]

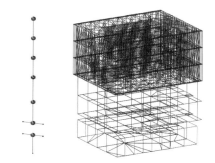

図2　質点系モデル　詳細立体フレームモデル [2]

参考文献
1) 会誌「MENSHIN」103号 p9, 2019, JSSI
2) 会誌「MENSHIN」103号 p13, 2019, JSSI

6.2 庁舎

アオーレ長岡
構造概要

本建物は地下1階、地上4階、延床面積約35,000m²で、大屋根で覆われた半屋外広場を中心とした市庁舎とアリーナを併

写真1　大屋根とナカドマ

せ持つ複合施設である。構造種別は鉄筋コンクリート造、構造形式は耐震壁付きラーメン構造である。西棟、東棟、アリーナ棟の地下は接続するが、地上部は、独立している。独立した3棟はワーレントラスとフィーレンディールトラスが組合わされたダブルトラスによる格子梁構造の鉄骨大屋根で覆われ、積雪の多い長岡の地に冬でも集まることができる半外部空間を提供している（写真1）。

大屋根のシステム

大屋根の下には、一般的な免震システムと同じ構成の機器が設置されている（図1）。具体的には曲面すべり支承と1000kN型オイルダンパーを配置した（写真2）。

このシステムは、①大屋根の自重、積雪（設計用積雪深2.5m）など鉛直荷重を下部RC造躯体へ伝達する②大屋根の温度変化（−24.5℃〜＋59.0℃）に対して変形を拘束しない③鉄骨屋根に

生じる地震力をRC造躯体に伝達する目的で計画したが④水平力を受けた後に元位置に戻る効果も期待している。

なお、地震時の鉛直方向への変形を抑えるため一部に鉛直ダンパーを設けられ、また通常の免震建物と同様に風荷重時に屋根が動かない仕様としている。

時刻歴応答解析

屋根が連結されない場合と屋根を連結した場合を時刻歴応答解析により検証。入力地震動としては、告示波3波、観測波3波、サイト波1波を採用している（表1）。エネルギー吸収で比較した場合、全体では10%程度の地震の入力エネルギーの減少だが、屋根でのエネルギー吸収が大きく、RC造躯体のエネルギー吸収は全体の23%となっている。

屋根重量（積雪時全重量68,929kN）は各棟（東棟186,954kN、西棟128,416kN、アリーナ棟142,398kN）比較して重量がありのでマスダンパー効果や連結制振による効果で低減されている。

（江尻建築構造設計事務所）

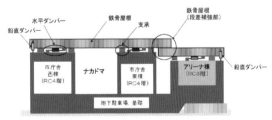

図1　構造システム概念図

写真2　すべり支掌と水平ダンパー

表1　入力地震動一覧

地震記録名	稀に発生する場合			極めて稀に発生する場合			継続時間	時間刻み
	最大加速度 (cm/s²)	最大速度 (cm/s)	最大変位 (cm)	最大加速度 (cm/s²)	最大速度 (cm/s)	最大変位 (cm)	(s)	(s)
kokuji RAND	108.00	10.62	4.98	356.22	53.16	24.93	120	0.01
kokuji HANS	105.00	8.98	5.79	383.00	47.01	28.65	120	0.01
kokuji KONS	103.00	13.54	6.21	378.99	76.51	33.75	120	0.01
EL CENTRO1940NS	218.37	22.50	7.56	436.73	45.00	15.28	50	0.02
TAFT 1952 EW	219.93	22.50	13.23	440.21	45.00	23.16	50	0.02
CHUETSU	224.61	22.50	5.78	449.23	45.00	11.56	60	0.01
NAGAOKA	42.72	2.84	1.92	172.00	15.11	9.81	120	0.01

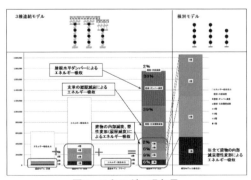

図2　エネルギー吸収量

6.3 スタジアム

このはなアリーナ

写真1　外観

写真2　内観

大スパンの屋根は鉄骨トラスで合理的・経済的に架け、観客に近い壁面（下屋根）には杉集成材の柱を細かいピッチで楕円状に配置し、その杉集成材よって切妻形状の屋根架構（上屋根）を支える構造方式である。大きな地震力に対して安心して木材を使うために免震構造とし、コストとエキスパンションの取りやすさを考慮して柱頭免震（屋根免震）を採用した。

免震装置の上に水平リングと呼ぶRCスラブを配置して上部構造の基壇とし、ポストテンション工法によるプレストレスを導入して屋根のスラストに抵抗した。水平リングはそれ以外にも木材に火炎が届かないようにする機能を持っている。

水平リングがねじれないように32本のRC柱上に免震装置を2基ずつ合計64基を配置した。免震装置の耐火被覆材を現しで見せ、免震構造であることを積極的に表現している。内側の免震装置は天然ゴム系積層ゴム支承 φ600とし、外側の免震装置はトリガー荷重を高めるために降伏耐力の高い錫プラグ入り積層ゴム支承 φ800・錫プラグ φ160とした。風荷重については、極めて稀に発生する風荷重に対しても錫プラグが降伏しないようにしている。　　　　　　　　（KAP）

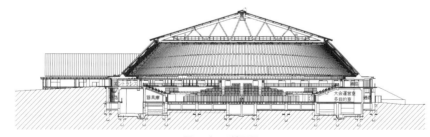

図1　短辺断面図

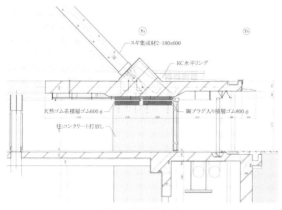

図2　断面詳細図

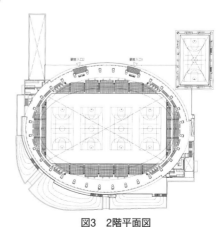

図3　2階平面図

6.4 交通施設

大阪駅大屋根

写真1　建物外観（撮影：宮原俊文）

建築概要

建　設　地：大阪府大阪市

設　　　計：西日本旅客鉄道株式会社

　　　　　　ジェイアール西日本コンサルタンツ株式会社

設計協力：株式会社大林組

施　　　工：大阪駅改良他工事特定建設工事

　　　　　　共同企業体

延床面積：224,135.94m²（ノースゲートビル含む）

階　　　数：地上28階、地下3階

高　　　さ：153.05m（大屋根の最高高さ：66.42m）

構造種別：鉄骨造

免震化した経緯および企画設計

大屋根は北側を超高層ビルで、南側を駅のプラットホーム上空に構築した1列の片持ち柱列で支持している。振動性状が異なる2つの架構に架ける大空間構造であり、かつ重要な駅施設の上空であることを考慮し、支持架構および大屋根の地震力低減を目的に免震構造を採用した。

免震化により、大屋根の部材断面を小さくし、明るさ・開放感のある空間を創出している。

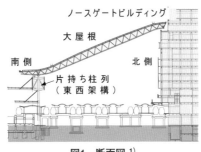

図1　断面図[1]

技術の創意工夫、新規性

大屋根の両側で剛性・耐力・高さが全く異なるため、装置の選定が重要であった。そこで比較的剛性の小さい片持ち柱列側は低摩擦タイプのすべり支承で支持し、ビル側を鋼棒ダンパー一体型の積層ゴムで支持することにより、地震力のほとんどをビル側で負担する形式とした。支承材の剛性の偏りにより生じるねじれ変形に対しては、南側の架構が負担できる減衰力のオイルダンパーを配置することにより抑制している。

もう一つの課題として直下の駅施設を利用しながらの施工のため、施工中の安全性が求められた。屋根架構は1方向のトラス梁を17列で構成し、中央の構台から両側に送り出すスライド工法を採用した。1スパンずつスライドした後にジャッキダウンを行い、免震装置を有効に機能させることで施工中においても高い安全性を確保した。　　　（大林組）

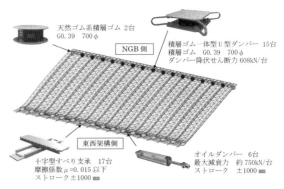

図2　装置配置図[2]

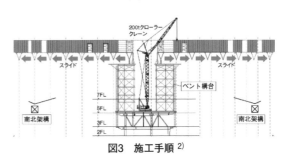

図3　施工手順[2]

参考文献

1) 第17回 日本免震構造協会賞パンフレットp5, 2016 JSSI

2) 大林組

6.5 学校

近畿大学 ACADEMIC THEATER

写真1　建物外観[1]

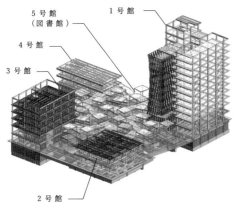

図1　構造架構パース

本建物は大学キャンパスの全校舎耐震化グランドデザインにおける既存校舎の建て替えとして計画された。大学の本部機能及び、図書館・講義室・学生ホールの機能を集約した建物の新築である。災害時において大学本部の災害対策拠点として機能し、学生の避難受け入れが可能となるよう免震構造を採用した。

本計画にあたって、高い耐震安全性の確保のほか、キャンパスの新たなシンボルの創出と新たな学術空間の創造が求められた。免震構造による地震力低減の効果を最大限活かし、1号館はカテナリー曲線によって形成される外装デザインと構造フレームが一体となった、キャンパスのシンボルとして特徴的なファサードを計画した。また、規模及び構造形式が異なる1〜5号館の5棟を一体免震構造とすることで、各棟間の接続部にEXP.Jを設けない連続した空間とし、学生の交流の場となる図書館（5号館）を中心とした特性の異なる5棟による新たな学術空間を創造した。

マットスラブによる5棟一体免震構造

各棟をつなぐ5号館のZ1架構を1,800mmのマットスラブとし、棟間の応力の流れをスムーズにするとともに、5棟を一体とするために必要な剛性・耐力を確保した。また、マットスラブの採用により、グリッドレスな柱配置からなる5号館の免震部材について、柱位置によらない均等グリッドによる合理的な免震部材の配置を実現した。

（NTTファシリティーズ）

参考文献
1) 会誌「MENSHIN」103号 p4, 2019, JSSI

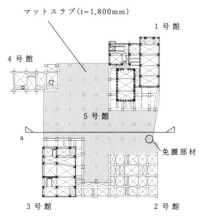

図2　Z1伏図（マットスラブ範囲）

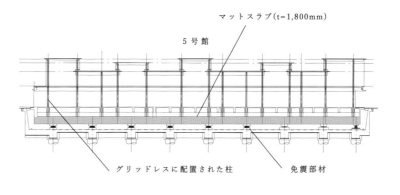

図3　5号館断面図（a断面）

6.6 神社

水天宮御造替

写真1　建物外観 [1]

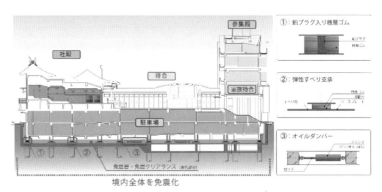

境内全体を免震化

図1　断面構成 [1]

建築概要

住　　　所：東京都中央区
設計・監理：(株)竹中工務店
施　　　工：(株)竹中工務店
敷地面積：約2,400m²
建築面積：約2,000m²
延床面積：約5,000m²
階　　　数：地下1階、地上6階
構造形式：RC造(基礎免震構造)

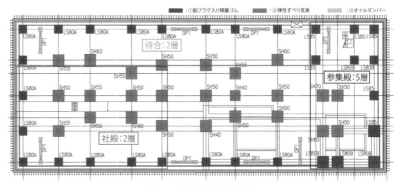

図2　免震装置配置図 [2]

都市部における建替工事において、昨今の災害対策への意識の高まりから、最新の免震技術を活かして建物の安全性を高めたいというニーズが増加している。しかし、複数の建物が狭い敷地に分散配置されている場合、免震クリアランスの確保をはじめ様々な制約があり、建物を個別に免震化するのは容易ではない。これに対し、敷地全体に広がる低層部分を一体とし直下に免震層を設け、その上に全ての建物を配置して免震化する技術を開発した。

本建物は、東京都の都市部に建つ神社である。地下1階床下に免震層を設け、地下1階および地上1階の敷地全体に広がる自走式駐車場と、その上に建つ2層の社殿・2層の待合・5層の参集殿の独立した3棟を、一体的に免震化している。

構造設計上の課題は、「低層で軽量な上部構造に対しても免震効果を十分に発揮させること」、「平面的に偏在する重量・剛性の異なる建物による免震層の偏心を抑えること」の2点であった。これに対し、上部構造をRC造とし、耐震壁を適切に配置することで上部構造の重量と剛性を増大させ、免震効果を高めた。また、免震層外周部に水平剛性の大きい鉛プラグ入り積層ゴムを配置して捩り剛性を高め、かつ剛心が重心に近づくよう鉛ダンパー量を設定して捩れ応答を低減した。中央部には水平剛性の小さい低摩擦型の弾性滑り支承を配置して建物の固有周期を伸ばし、更に免震効果を高めている。

(竹中工務店)

参考文献
1) 会誌「MENSHIN」94号 p16, 2016, JSSI
2) 会誌「MENSHIN」94号 p17, 2016, JSSI

6.7 ホテル

JR東日本　ホテルメッツ札幌

写真1　建物外観 [1]

札幌駅北口至近に立地する宿泊特化型ホテルである。「駅近・客室面積17～21m²・客室数200・利便性・コストパフォーマンス」という、ビジネスホテルの基本を押さえつつ、客室が存在する上で不可欠な間仕切りを構造体とし、XY方向の構成要素が同じ数量となる45度の線対称レイアウトで構成されるプランを計画した。

壁とスラブによるフラットな上部架構を構成するとともに、豊富な壁量による剛な上部構造と柔らかい免震層を組合せることで、最も理想的な構造システムを成立させた。

図1　基準階プラン [2]

上部架構を構成する6つの構造要素

壁柱（①～④）と細柱（⑥）でスラブ（⑤）を支持する上部架構として計画。壁柱の厚さは納まりで決まる最小寸法250mm、スラブの厚さは中空スラブによって300mm、細柱はコーナー部の浮遊感を際立たせるφ300mmとした。　　　　（大成建設）

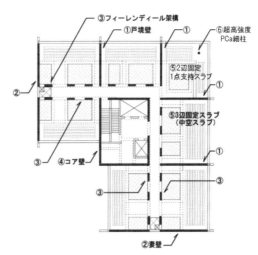

図2　構造要素の平面レイアウト [3]

① 戸境壁(t=250mm)　② 妻壁(t=250mm)　③ フィーレンディール架構(t=250mm)

④ コア壁(t=250mm)　⑤ 3辺固定スラブ・2辺固定1点支持スラブ(t=300mm)　⑥ 超高強度PCa細柱(φ300mm)

図3　上部架構を構成する6つの構造要素

写真2　フラットな壁とスラブで構成される客室内

参考文献
1) 会誌「MENSHIN」108号 p7, 2020, JSSI
2) 会誌「MENSHIN」108号 p8, 2020, JSSI
3) 会誌「MENSHIN」108号 p9, 2020, JSSI

第6章　用途別実施例　　103

慶應三田キャンパス図書館旧館

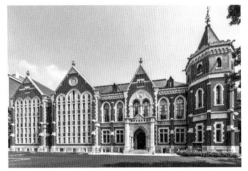

写真1　建物外観（南側・エントランス）
（撮影：中島真吾）

建築概要

建　設　地：東京都港区

設　　　計：三菱地所設計

　　　　　　（耐震改修設計）

　　　　　　文化財保存計画協会

　　　　　　（統括、保存修理設計）

施　　　工：戸田建設

竣　　　工：本体：1912年

　　　　　　改修：2019年5月31日

建築面積：818m^2

延床面積：2,486m^2（旧館・第1書庫）

　　　　　1,076m^2（第2書庫）

階　　　数：地上4階、地下1階

構造種別：煉瓦造＋鉄骨鉄筋コンクリート造

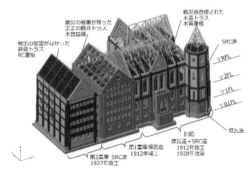

図1　慶應義塾図書館の構造 [1]

免震化した経緯および企画設計

本建物は、地震時の安全性確保を目的とした耐震改修と老朽化等により破損した部位の修理が求められており、震災・戦災という過去2度の災害に見舞われながら都度復旧した建物の価値の所在を明確にし、重要文化財建造物の価値の真実性・全体性を損なうことが無いよう、1927年に増築した第2書庫部分も含めて基礎から上部を免震化する耐震改修を計画した。

技術の創意工夫、新規性

本建物は、建物の免震化を行うことで、内部の補強を最小限にすることを目標に、重要な内部空間の保全を最適化している。建物応答を低減するためおよび建物形状を勘案して、荷重偏在に影響されずに免震化が行える球面すべり支承を採用している。この免震装置は、減衰力が鉛直荷重に依存し、荷重が偏在する建物でも免震層のねじれがほぼ発生せず長周期化を可能としている。また、基礎は無筋コンクリート基礎の上端から根積で煉瓦布基礎が構築されており、建物重量が小さく基礎補強梁のスパンを長く取れない煉瓦造免震レトロフィットに合致したものであり、高い耐震性能を実現した。

地上部は、最小限の補強とするため床と煉瓦壁の一体化を図り、煉瓦の面外への変形を防止し、屋根裏妻面の煉瓦壁の面外倒れ防止として、室内側に鉄骨の方杖補強を行っている。

（三菱地所設計）

写真2　屋根裏煉瓦補強
（撮影：中島真吾）

参考文献

1) 会誌「MENSHIN」114号 p7, 2021, JSSI

6.8 免震レトロフィット

小津本館ビル

写真1　建物外観（南西側）[1]

建築概要

建　設　地：東京都中央区

設　　　計：久米設計　　改修設計：鹿島建設

施　　　工：鹿島建設　　改修工事：鹿島建設

竣　　　工：1971年　　　改修竣工：2015年

建築面積：797m²　　　延床面積：8,189m²

階　　　数：地上11階/地下2階／塔屋1階

軒　　　高：40.2m

構造種別：鉄骨鉄筋コンクリート造

免震化した経緯および企画設計

東日本大震災および東京都緊急輸送道路沿道建物の指定を受けて、耐震診断・補強計画の検討を行った。在来型の耐震補強では各階に鉄骨ブレース等が必要で工事中・工事後のテナントへの影響が大きく、一方、建物が敷地一杯に建っているため基礎免震は不可で、施主・行政庁と協議を重ねながら、1階および上下階を主な工事範囲とする1階柱頭免震の採用に至った。

技術の創意工夫、新規性

コア壁が東側に偏在することに対し、各柱に配置する鉛プラグ入り積層ゴムにて調整すると共に、2、3階のコア壁を部分的に増打ちすることにより、不足する耐力を補いつつ剛性を高め、隅柱に生じる引き抜き力を低減した。

隣地境界線近くまで張り出していたRC造外部階段は水平クリアランス確保のため先端部を撤去し、内部階段の免震化では大地震時における周囲の壁の可動範囲を段部・床に着色した。

エレベーターは3基を2基とし、シャフトを2階床レベルから地下階まで鉄骨架構で吊り下げると共に、来館者の往来が多い1階〜3階では、別途、店舗エレベーター1基を新設した。

建物内蔵の吊り下げ型立体駐車場は、利用状況等を踏まえ2基を1基とし、1階廻りで水平クリアランスが確保できなかったRC壁は既存梁幅内で撤去・新設した。　　　　　　　　　　（鹿島建設）

参考文献
1) 会誌「MENSHIN」106号 p14, 2019, JSSI
2) 鹿島建設

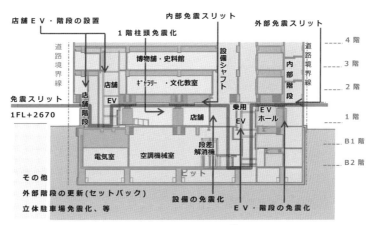

図1　免震改修項目[2]

6.9 病院

岐阜市民病院

写真1　建物外観（Ⅱ期工事終了後）
（撮影：SS名古屋）

建築概要

建　設　地：岐阜県岐阜市
設　　　計：株式会社　山下設計
施　　　工：熊谷・共栄・松永建設工事共同企業体
竣　　　工：2013年3月
建築面積：2,751m²
延床面積：28,965m²
階　　　数：地上11階、塔屋1階、地下なし
高　　　さ：49.48m
構造種別：鉄骨造、鉄骨鉄筋コンクリート造

免震・制振技術を活用した特殊工法

狭隘な敷地に建つ岐阜市民病院では、敷地内に新たに建設できる十分なスペースがない中

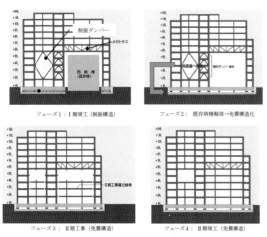

図1　ステップ図[1]

で、棟を建設する特殊な工法により理想的建物配置既存病棟（以下西病棟とする）を跨ぐ形で新病の改築を実現した。免震構造により竣工後の安全性を高めるとともに、建物を使いながらとなる施工時においても免震、制振技術を活用することで十分な安全性を確保している。

技術の創意工夫、新規性

西病棟を跨ぐ形状時は制振構造とし、1期工事終了時点で西病棟の機能を先行施工した7階以上の階へ移し、西病棟解体後に下階構造架構を構築した後、免震化する計画の為、建物形状は下図に示す通り大きく4段階に分類し検討を行った。

フェーズ1：西病棟を跨ぐ形で新病棟を建てる。この段階では免震層が未完成のため、粘性ダンパ（減衰こまRDT）と鋼材ダンパーによる制振構造とする。

フェーズ2：西病棟解体後、免震層を完成させ、制振構造から免震構造へと切替える。この際粘性ダンパーは免震層に移し再利用する。

フェーズ3：新病棟の下部に新外来診療棟を建てる。

フェーズ4：新外来診療棟への機能移転後、既存外来診療棟を解体し、敷地東側に大きな駐車スペースを確保して改築完了。　　　（山下設計）

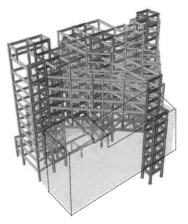

図2　Ⅰ期工事段階架構形状図[2]

参考文献
1) 会誌「MENSHIN」66号 p8, 2009 JSSI
2) 山下設計

6.10 集合住宅

ガーデニエール砧 WEST

写真1 建物外観（複雑な建物形状をEXP.J無しで実現）[1]

建築概要

建 築 地：東京都世田谷区
設　　計：清水建設株式会社一級建築士事務所
施　　工：清水建設株式会社
竣　　工：2013年1月
建築面積：4,864m²
延床面積：32,172m²
階　　数：地下1階,地上10階,塔屋0階
建物高さ：31.57m
構造種別：鉄筋コンクリート造

免震化した経緯および企画設計

「ガーデニエール砧WEST」は、「いつまでも活力を維持する街を目指して」をコンセプトとして、様々な生活スタイルに対応できる居住空間と計画地の有効活用を可能にする建物形態を実現し、安全・安心な集合住宅とするために免震構造を採用した。建物各所には簡単な挨拶ができ、住人同士の繋がりを実感できる「ハーフコモン」と呼ぶ中庭を設けた。また、建物竣工後、年月の経過と共に居住者が皆高齢化するという日本の集合住宅が抱える問題の解決策として、同じフロアに幅広い世代が同居してコミュニケーションが図れる様に、異なる規模の住戸を向かい合わせて計画した。本建物では、これらを実現するため「千鳥掛け形式ユニット住宅」という新システムを採用した。

技術の創意工夫、新規性

本システムは、免震層上に壁構造によるスクウェアなユニットを、中廊下を挟んで千鳥に配置するというもので、ファサード面の耐震要素を無くし、開放率の非常に高い居住空間としている。偏心率を建物全体のみならず各ゾーンでも抑える事で、平面的・立面的に複雑な建物形状をEXP.J無しで成立させている。

36のバラエティーに富んだ住戸形式にも関わらず、住戸境耐震壁の数と梁間方向スパンを工夫する事で、17.5mのモジュール化を実現。各種PCa部材・先組鉄筋などの構造部材のみならず、建築・設備要素を含めたトータルなモジュール化により、合理性と汎用性を併せ持った免震構造形式である。

（清水建設）

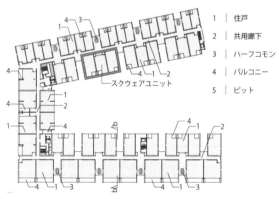

図1 基準階平面図[2]

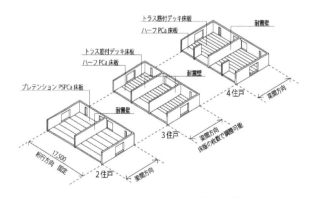

図2 スクウェアユニット構成図[2]

出典
1) 第16回 日本免震構造協会賞パンフレット p6, 2015 JSSI, 撮影：(有)スタジオバウハウス
2) 清水建設

6.11 研究所

小野薬品工業 水無瀬研究所 第3研究棟
－PCa多角形柱・梁とST版によるコミュニケーションスペース－

関西と北陸に分散していた機能を集約し、「ものづくり拠点」として位置付けられる本建物は、BCP対策の観点から大地震後も建物機能を損なうことなく使用できるよう免震構造を採用している。

研究施設として求められるフレキシビリティ、遮音性や防振性を備えるため構造種別は鉄筋コンクリート造（一部プレキャスト・プレストレストコンクリート造：PCaPC造）とした。十分な免震効果を得るために必要な上部架構の剛性を確保し、PCaPC造により大スパン化を実現させることで免震装置の集約、効率化を図っている。

北面に設けたコミュニケーションスペースには、リブ付きハーフPC床版（ST版）を架設して大梁と天井材を設けない空間とし、周囲を八角形柱と六角形梁の架構として構造部材と意匠性を兼ね備えた空間を目指した。

アイソレータは鉛プラグ入り積層ゴム支承（LRB）、天然ゴム系積層ゴム支承、弾性すべり支承を組み合わせた免震システムとした。大変形時（せん断歪200％時）における建物の1次固有周期はX・Y方向ともに約4.6secである。

オイルダンパーを各方向に4基ずつ配置し、「極めて稀に発生する」地震動に対して免震層の変形を性能保証変形（550mm）以内に留めている。

（安井建築設計事務所）

写真2-a （撮影：竹中工務店 古川泰造）

写真2-b
（撮影：竹中工務店 古川泰造）　　写真2-c

塔屋階＋設備架台
鉄骨造

上部構造
鉄筋コンクリート造（プレキャスト・プレストレストコンクリート造）

写真1-a　　　　　　　　写真1-b

免震システム:鉛プラグ入り積層ゴム＋天然ゴム系積層ゴム＋弾性すべり支承
積層ゴム支承　　　弾性すべり支承　　　オイルダンパー

写真1-c　　　写真1-d　　　写真1-e

図1

基礎構造
場所打ちコンクリート拡底杭
杭頭接合部は杭頭半固定, 杭頭鋼管巻き

山九（株）西神戸流通センター
球面すべり支承を用いた物流倉庫の設計

写真1　建物概要

本建物は、神戸市郊外に建設された物流倉庫（写真1）である。建物は、97.2m×61.2mの整形な平面形状であり、高さ30.9mのうち、主となる倉庫床が4層、いくつかの中間階の事務所などが有るため建物としては7階建の計画となっている。

一般的な物流倉庫と同様に、事務所や住居系建物よりも積載荷重が大きく、本建物でも床用積載荷重10~15kN/m²、自動ラック倉庫部の床用積載荷重30kN/m²として計画されている。

本建物は、BCPを考慮して免震構造として計画された。

上部構造は、免震層直上の1F床を含め、在来の圧縮ブレースを活用したブレース付きラーメン構造（鉄骨造）として計画した。下部構造は、直接基礎として独立フーチングを土間床でつないだRC造として計画した。敷地は、急激に傾斜した岩盤の上部に造成されたエリアの一部であり、支持層は岩盤と岩盤の上部に堆積した砂質系の地山を支持層として計画した。岩盤を工学基盤として設定したが、5度以上の傾斜があることから、時刻歴解析による大臣認定ルートでの申請を行った。

免震装置の選定

本建物は球面すべり支承（日鉄エンジアリング製、以下NS-SSB）を大型物流施設に適用した日本で最初の事例となっているが、NS-SSBを採用した理由は下記による。

①積載荷重変動の大きな物流施設であること

→NS-SSBは振り子系免震装置と呼ばれ、建物重量によらず、装置の球面半径だけで固有周期が決まるため、設計者の狙った免震周期を実現できるため。

②一般倉庫やラック倉庫の平面的な重量偏心があること

→NS-SSBは、摩擦によって減衰を付加する装置であるため、建物の重心と免震層の剛心が常に一致する傾向となる。本建物は、事務所、倉庫、自動ラック倉庫の平面的な重量分布の他、①による積載荷重の変化を考慮して、常に重心と剛心が一致し、地震時の捩れによる応答の変化の影響が少ないNS-SSBを採用した。

③倉庫としての増築計画があること

→本建物は、倉庫部の増築計画が見込まれており、増築を考慮した場合においても捩れなどの影響が少なく、応答が安定しているため。

免震装置配置（図2）については、中摩擦の6秒タイプで免震層を構成した。柱軸力に応じて、スライダーと呼ばれる円柱のサイズを選定するとともに、a.自動ラックの床下へ装置を追加、b.5mの片持ちスラブの下部に装置を追加、c.外周部の増築時の柱軸力の増加を考慮してスライダーを選定した。

上記の装置選定により、設計クライテリアを満足する免震構造を構築することができた。

（日鉄エンジニアリング）

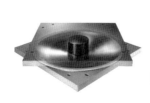

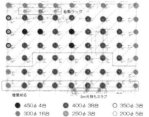

● 450φ 4台　● 400φ 38台　○ 350φ 3台
● 300φ 16台　● 250φ 8台　○ 200φ 5台

図1　球面すべり支承　　　図2　免震装置配置
　　　　　　　　　　　　　　　（スライダー径）

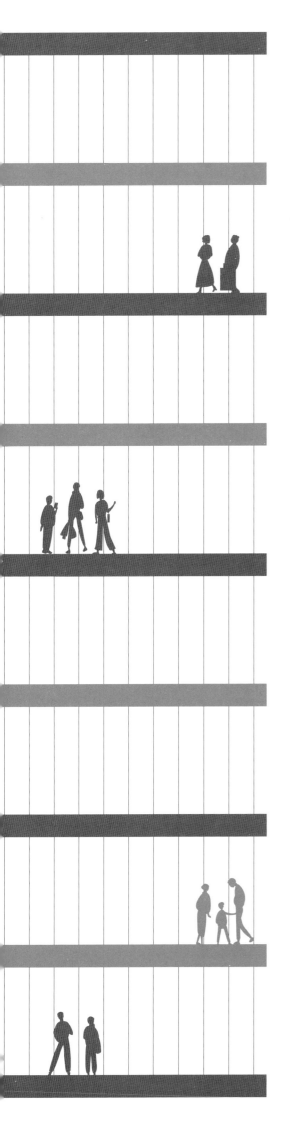

付録

付録 1　免震用語解説集

あ行

・アイソレータ（isolator / bearing）

建物と地盤を振動的に絶縁するため、上部構造を水平方向にきわめて小さなバネ定数を持つ支承で支持し、建物の固有周期を長くする装置である。アイソレータには、積層ゴム系、すべり・転がり系がある。複数の特性の異なるアイソレータを組み合わせて使用する場合もある。

・免震層及び免震層周りの維持管理

（maintenance for seismic isolation layer and devices）

免震建築の場合、建物が将来にわたり確実に免震機能を発揮し建物の安全性を保持するために実施する免震層及び免震層周りの点検等をいい、

　①当初の設計思想、設計条件が守られていること、

　②災害発生後も正常に機能を発揮できること等を確認する。

点検は目的に応じて、①竣工時検査、②通常点検、③定期点検、④応急点検、⑤詳細点検、⑥更新工事後点検に分類され、必要な時期に実施する。

・依存性（Dependence）

免震部材は特定の温度や変形（ひずみ）条件における性能を基準値としている。免震部材の性能は設置されている環境温度、免震部材のひずみ量、応答速度、支持重量（面圧）などの条件によって変化するため、免震建物の設計においてはそれぞれの依存性を考慮して各種条件下での性能変化を考慮する。

また、2011年東北地方太平洋沖地震における長周期地震動の被害より、免震部材が長時間大きな変形を受ける場合の特性の変化を繰り返し依存性として定義した。

・1次形状係数（primary-shape factor（S1））

積層ゴムのゴム一層について受圧面積と自由面積の比で定義される。積層ゴムが円形断面の場合、1次形状係数S1はゴムの直径Dとゴム一層の厚さtを用いて次式で表されるため、ゴム一層の偏平度を示す尺度となる。

$S_1 = (受圧面積)/(自由面積) = \pi D^2/(4\pi D \cdot t) = D/4t$

1次形状係数は積層ゴムの圧縮剛性や曲げ剛性に大きく影響を及ぼし、1次形状係数が大きくなるに従い、これらの値も増大する。なお、日本では2次形状係数と区別するため、「1次」を付けて呼ばれているが、海外では単に形状率（shape factor）と呼ばれている。

・イニシャルコスト（initial cost）

一般的に初期投資費用のことで、建築では建設にかかる企画・設計、監理、建設工事などの初期費用のことをいう。

・犬走り（berm）

建物の周囲および軒下部分にコンクリートや砂利等で作る細長の土間をいう。免震構造の場合、地震時に上部構造と下部構造との間に大きな相対水平変位を生じるため、免震クリアランスを免震層や建物外周部に確保する必要がある。したがって、建物外周部と免震層に隙間が生じる場合があり、建物外周部から隙間をふさぐための片持ち梁形式のスラブ（犬走り）を設けるのが一般的である。

・液状化（liquefaction）

地震の揺れにより地盤が液体のようになる現象。大きな地震の際に、地中から泥水が噴き出したり、地割れが生じて地面が移動することが観察されている。地盤の液状化により建物を支えられなくなり、建物が傾いたり、転倒したりすることもある。

・エキスパンションジョイント（expansion joint）

　互いに動く構造物（例えば免震建物の玄関と地盤面からの入り口部分）の間に設置する建材で、地震時に生じる相対変位に追従させて有害な応力を構造物に発生させることなく、構造物間の機能の連続性を維持させるための部材。地震動による相対変位の他に、構造物の温度変化による膨張収縮、不同沈下、風力等の外力による変位に対応する役割も有する。

・鉛直剛性（vertical stiffness）

　積層ゴム支承を鉛直（圧縮）方向に加力したときの荷重と鉛直変形の比で、圧縮剛性または鉛直ばね定数という。一般的には、鉛直履歴曲線の割線剛性で表す。1次形状係数に大きく依存する。＝圧縮剛性、圧縮ばね定数、鉛直ばね定数

・オイルダンパー（oil damper）

　一般には振動によって動くピストンにより、シリンダー内部のオイルを流動させ、その制動力を非復元力として振動を制御するダンパーである。所定の制動力は、オリフィスと呼ばれる管路の途中に設けられた丸い孔でオイルの流量を調整することにより得られる。

か行

・可撓継手（flexible pipe-joint）

　設備配管等が相対変位を受けたときに、その相対変位を吸収できるように設けるフレキシブルな継手をいう。免震構造の場合、地震時に免震層で大きな相対水平変位が生じるため、免震層を縦断する設備配管は、用途別に適した材質の可撓継手を設ける必要がある。なお、各配管の変位追従性能は、動的解析結果等を参照し、その重要度に応じて設計者が適切に定める必要がある。免震構造専用の既製品がある。

・仮設計画（temporary planning）

　建築工事中において一時的に行う間接的な工事を仮設工事といい、工事終了後にはすべて撤去され、構造物の構成体あるいは付属物として残存しないものである。この仮設工事を行うため、あらかじめそれらの計画を行うことを仮設計画という。免震構造の場合、施工中における免震層の水平変位を拘束するか否かにより、その後の仮設計画が大きく異なる。免震層の水平変位を拘束する場合は、通常の在来建物と同様であるが、免震層の水平変位を拘束しない場合は、施工中に免震層での比較的大きな相対水平変位が発生する可能性があり、外部足場や揚重機の支持方法等に留意する必要がある。

・加速度（acceleration）

　物体がある方向に運動するとき、その速度に対する時間的変化の割合を加速度という。物体に加速度を生じさせるには、その変化の方向に対して力を作用させることが必要である（ニュートンの第2法則）。単位はcm/s^2であるが、cm/s^2をgal（ガル）ということもある（重力加速度は$980cm/s^2g$）。

・下部構造（substructure）

　免震建物のうち、免震部材より下部の構造と基礎構造を下部構造と呼ぶ。下部構造の設計用層せん断力は、当該部分の地震力に免震部材より上の上部構造の設計用層せん断力を加えた値とする。さらに、建物重量を支える積層ゴム支承周りには変形に伴う付加曲げモーメントが生じるので、このモーメントに対しても下部構造を適切に設計する必要がある。

・球面すべり支承
（spherical slider / spherical sliding bearing）

　鋼板を球面加工した上下プレート間に配置し

たすべり材を貼付けたスライダーが振り子のように移動することで地震のエネルギーを摩擦により吸収しながら建物を原位置に復帰させる復元機能を有している。免震層の固有周期が球面の曲率で決まるため建物重量に左右されず、軽量建物の長周期化が可能となる。

・許容荷重（allowable load）
　積層ゴムに載荷される荷重の許容値をいう。一般的には、長期荷重と短期荷重の二つがあり、長期荷重はクリープや耐久性で決まり、短期荷重は積層ゴムの変形時性能（荷重と座屈の関係等）によって決まる。

・許容変形（allowable deformation）
　積層ゴムに発生する変形または変位の許容値であり、要求される性能の目標値として与えられる。＝許容変位、許容ひずみ

・許容応力度設計
　（allowable stress design method）
　建物の構造設計に一般に用いられている方法で、各部材に生じる応力が材料ごとにある安全率を持つように、定められた許容応力度以下であることを確かめることにより、建物の安全性を確認する設計法。

・グラウト（grout）
　上部構造の重量、地震時に生じる付加軸力、せん断力は、アイソレータを介して下部構造に伝達される。アイソレータ下部ベースプレートと躯体の間隙に密実に高強度のグラウト材（無収縮モルタル等）を充填して、応力伝達を確実なものにする。

・クリアランス（clearance ／ moat ／ gap）
　あるものが動いたときに他のものと衝突・接触しないように設けられる一定量の隙間をいう。免

震建築では免震層で地盤との聞に比較的大きな水平変形が生じるほか、上下方向にも多少沈み込むことがある。一般には、クリアランスはこれらの変形に対して余裕を持って設定される。免震建築の上部構造と下部構造、敷地境界との間隔。施工における躯体精度確保が要求される。

・クリープ（creep）
　一般的には、ゴムに生じる永久的な塑性変形を指す。積層ゴム支承の場合、圧縮方向に生じるひずみを指す。積層ゴム支承は、建物の重量という大きな圧縮荷重を長期間支えるために、積層ゴム支承のクリープ特性を予測（検討）しておくことが重要である。1～2年の短期のクリープ量から長期のクリープ量を予測するために、クリープ量推定式が使われている。計測時間とクリープ量の関係を両対数または片対数でグラフ化し直線で近似し、その直線を長期間まで外挿することにより長期後のクリープ量を予測している。それによると、60年程度経過後のクリープ量は、おおむね数％程度と予測されている。

・経年変化（aged deterioration ／ aging）
　年月の経過に伴い、周囲の環境的要因等の影響でその性能が変化することをいう。例えば、積層ゴム支承の場合、置かれている環境的要因、例えばオゾン、酸素、紫外線等の影響によって主にゴム材料の物性値が時間の経過とともに変化し、その結果積層ゴム支承の特性が変化する。通常、免震建築の性能は、この予測される経年変化を見込んで設計されている。積層ゴム支承お性能の経年変化は主にゴム材料の酸化劣化によりもたらされるものである。＝経年劣化

・けがき式変位計（tracer / orbiter）

けがき計は、地震時に免震建物の水平変位を記録するための計測器である。けがき板は、ステンレス鋼板、アクリル板またはアルミニウム板のいずれかを使用している。

・減衰性能（damping performance）

建物あるいは部材の動的特性を表す性能は剛性と減衰に大きく分けられる。減衰性能は構造物に外力が作用したときに、このエネルギーを振動的に吸収する性能を表す。一般に自由振動における振動の収まり速さであり、減衰係数や減衰定数で表される。

・高減衰積層ゴム支承
（high damping rubber bearing）

高い減衰性能を有するゴム（高減衰系ゴム）を使用した積層ゴム支承。振動数、変形履歴、温度、ひずみ等に対する依存性が天然ゴムに比べて大きい。

・鋼材ダンパー（steel damper）

鋼材が塑性変形するときのエネルギー吸収性能をダンパーとして利用するもので、平面内、任意方向の大変形に追従できるように形状、支持部等に特徴が与えられている。復元力は紡錘形の履歴ループを示す。

・剛心（center of rigidity）

構造物に地震力のような水平力が作用すると、柱や壁体はそれぞれの水平剛性に応じて水平力に抵抗するため、剛性が偏って分布していると構造物は回転を生じる。このときの回転中心を剛心という。すなわち、剛心と建物の重量分布の中心である重心が一致しないときは、両者の距離に比例したねじれモーメントが生じ、構造物は回転する。免震建築の場合、上部構造の重心と免震層の剛心を一致させ、

免震層に偏心がないように設計していれば、たとえ上部構造の偏心が大きい場合でも、上部構造の動的な応力割増しは少なく、免震層自体のねじれ振動も小さい。

・高流動コンクリート（high-flow concrete）

フレッシュ時の材料分離抵抗性を損なうことなく流動性を高めたコンクリートで、スランプフロー値で50〜60cmを目標とする。

・転がり系アイソレータ
（ball bearing / roller bearing）

ボールを平面、球面、円錐面上を転がるタイプや、上下3段の平面にはさまれた、直行した2段のローラを用いるものなどがある。

・固有周期（natural period）

構造物にある力を加えその力を解除したとき、構造物はある一定の周期で振動を続ける。その周期を一般に固有周期という。そのうち鉛直方向の固有周期を鉛直固有周期といい、水平方向のそれを水平固有周期という。積層ゴム支承の固有周期は、構造物全体を剛体とした場合、積層ゴム支承の鉛直および水平剛性と作用する鉛直荷重によって決まり、次式によって求められる。その逆数を固有振動数という。

鉛直固有周期：$T_v = 2\pi\sqrt{(W/(K_v \cdot g))}$
水平固有周期：$T_h = 2\pi\sqrt{(W/(K_h \cdot g))}$

ただし、 W：荷重、K_v：鉛直剛性、K_h：水平剛性、g：重力加速度

さ行

・時刻歴応答解析

（time history response analysis / dynamic response analysis）

地震や風による外力に対し、構造物の振動特性、減衰特性を評価した振動モデルを用いて、解析的に安全性の検討を行う手法。適切

な振動モデル（モデル化）と、外力（入力地震動など）の評価方法が解析結果の妥当性を左右する。従来、超高層建物の設計において、多質点系モデルによる動的解析が行われてきたが、近年では、立体フレームモデルによる精算解析や、構造物の立地する地盤の特性を評価し、その相互作用の影響を考慮する解析も行われている。

免震建築では、アイソレータに支えられた構造の振動モデルが明快であることから、動的解析による耐震安全性の検証が、広く適用されている。

・地盤種別（ground type / ground classification）
構造物の被害が地震動との共振現象と深く関わること、地盤には固有の卓越する振動周期があることが知られている。表層の地盤構成に起因する振動性状の違いをもとに、地盤を分類したものを地盤種別という。現行の建築基準法では3種類に分類されている。

・重心（center of gravity）
断面の図心、剛体の全重力の作用点。通常の設計では、建物の各柱位置と作用軸力より建物の平面的な重量中心を求める。この重心位置に地震時の水平力が作用するものとして、建物全体に作用するねじれモーメントを剛心位置との関係（偏心）から算定する。塔状比の大きい免震建物（建物幅に対して建物高さが高い建物）では、立面的な重心位置も検討し設計されている例もある。

・竣工時検査（inspection at completion）
建物竣工時に実施する免震建築の品質に関する検査。免震建築は、完成後も免震機能維持のため、継続的に免震部材やその関連部位、クリアランスの測定等の定期検査、保守（維持管理）が義務づけられる。竣工時検査は、今後の維持管理の初期値となる重要な検査記録であり、施工者に報告書の作成と提出が義務づけられる。

・上部構造（superstructure）
一般の建物では、地上部分を指して上部構造と呼ばれるが、免震構造の場合、免震層より上部にある部分を上部構造といっている。免震構造の場合の上部構造は、免震部材により免震化されており、一般建物では難しい地震時の安全性が確保されている。

・水平拘束材（horizontal restraint）
アイソレータで支持された免震建築は、その性質上、水平方向に変形しやすい。施工中に生じる免震層の変形や揺れが、上部構造の施工に支障のある場合は、免震層の変形を拘束する仮設材（水平拘束材）を取り付ける。その要否、設置方向については、工事監理者との協議が必要である。

・積層ゴム支承の水平変形性能
（performance on horizontal deformation of elastomeric isolator）
積層ゴム支承を水平方向に変形させた場合の特性をいう。水平変形性能には水平剛性、減衰、水平限界特性、線形限界、ハードニング、座屈等があり、またこれらの特性が各種条件により依存する性質として面圧依存性、ひずみ依存性、速度依存性、温度依存性等がある。一般に変形量を歪みで表し、即ち、ゴム総厚さ（H）に対する水平変形量（δ）の比で表す。各製品によって限界変形量が異なるので留意する。
＝変形性能、変形能力

・すべり支承（slider / sliding bearing）
すべり支承は、構造物の移動をすべり機構に

より吸収させる支承である。弾性すべり支承は、積層ゴム支承の底面にすべり材を接着した支承で、すべり板（ステンレス板等）とすべり材との間ですべりを生じる。すべり材は、摩擦係数のばらつきの範囲が明確な材料で四フッ化エチレン樹脂（PTFE）等が使用される。すべり板はすべり材の相手側のすべり面を構成する板で、ステンレス材や硬質クロームめっき、鋼板に特殊潤滑表面処理を施したものなどがある。すべり板にベースプレートの機能を兼用させる場合と積層ゴム支承と同様にベースプレートをすべり板と別に設置する場合がある。

・制振（震）構造
（seismic vibration control system/ response controlled structure）

制振構造と制震構造の明確な定義はいまだなされていないのが現状である。制振構造は構造物に生じる振動（応答）全般を制御するという包括的な表現がとられているのに対し、制震構造は地震による構造物の振動を制御するという意図的な表現がとられている。構造物の応答制御の観点からは、パッシブ型、アクティブ型、セミアクティブ型、およびハイブリッド型の制御方法がある。適用例の多い代表例として、パッシブ型では鋼材ダンパーや粘弾性ダンパーを構造物に組み込み地震応答を低減する損傷制御構造があり、アクティブ型では強風に対し良好な居住性を確保するためのマスダンパーがある。

・製品検査（product inspection）

免震部材の保有する基本性能確認のために実施する検査。積層ゴム製造工程の最終段階で行われる検査で、各部の寸法を測定する寸法検査、外観検査、性能検査（水平剛性、鉛直剛性、等価減衰定数）等が行われる。製品検査の検査方法、検査基準等は設計仕様書に基づいて定められた検査要領書に従っ

て行い、その結果を装置製作者は検査成績書とする。

・積層ゴム系アイソレータ（elastomeric isolator）

積層ゴム系アイソレータは鋼板とゴムを交互に重ね合わせた部材。積層にすることで鉛直方向に剛性が高く、大きな荷重を負担できる。水平方向には、ゴムのせん断変形により柔らかく大きな変形能力を持つ部材である。水平方向の特性により、弾性的な特性の天然ゴム系積層ゴムと、弾性、減衰性能を合わせ持ったゴム材料を使用した高減衰系積層ゴム、天然ゴム系積層ゴムの中心部に鉛プラグを入れて減衰機能を持たせた鉛プラグ入り積層ゴム、天然ゴム系積層ゴムのフランジ部に鋼材ダンパーを取り付けた履歴型ダンパー付き積層ゴムがある。

・設計クライテリア（design criteria）

地震等の外乱を受けたときに、対象とする建物が保持すべき耐震性能を確認するため、設計者が建物を設計するときに各レベルに対して設定する建物耐震性能目標を「設計クライテリア」と呼ぶ。免震構造においては上部構造、下部構造および免震部材に分けて、おのおの目標性能を設定する。上部構造および下部構造に対しては建物の層間変形角・屈せん断力・塑性率等の項目について、免震部材に対しては部材の水平変形量・面圧といった項目について性能を規定することが多い。設計クライテリアは、施主と設計者の合意のもとに定められるべき事項である。

・設計用せん断力（design shear force）

対象とする建物において、許容応力度設計により各部材の断面検定（算定）をする際に必要となる各部材の応力の算定、建物の偏心率・剛性率の算出や取合い部材の詳細検討を、

行う際に外力として用いられる層せん断力を「設計用せん断力」と呼ぶ。免震構造においては、予備応答解析において得られたせん断力分布を包含するような逆三角形のせん断力分布を仮定して検討に用いることが多い。

・層間変形角
（story deformation angle / story drift）
ある層の地震や風等の水平力により生じる水平変形量をその層の高さで除したものを「層間変形角」という。免震構造では、免震部材が設置されている免震層に変形が集中し、上部構造の層間変形角は小さくなるため、カーテンウォール等のファスナーが簡略できる。

・速度（velocity）
物体がある方向に運動するとき、その変位に対する時間的変化の割合を速度という。地動の最大振幅と構造物の損傷あるいは免震部材の応答変形量との関係を見た場合、一般的に最大加速度振幅よりも最大速度振幅のほうが構造物との損傷との相関性が強いことから、高層建物や免震建物の設計においては地震動の強さのレベルを安定的に表現できる指標として速度を用いることが多い。単位はcm/sであるが、cm/sをkine（カイン）ということもある。

た行

・ダンパー（damper）
アイソレータだけでは、揺れの衝撃を小さくすることはできても、振動を止めることはできない。この振動を減衰させる機能を持つのがダンパーである。金属の塑生変形を利用した鋼材ダンパー、鉛ダンパー、流体抵抗を利用したオイルダンパーや、摩擦抵抗、粘性抵抗を利用したダンパーがある。高減衰系積層ゴム支承のように積層ゴム自体に減衰機能があるものもある。

・耐震構造（earthquake resistant structure）
耐震構造の設計目標は、構造物に地震により投入される、エネルギーの総量を、構造物の損傷状態を許容状態に収めつつ、構造物にすべて吸収させることであり、壁式構造のように構造物を強く造る強度抵抗型（弾性設計法）と、地震による入力エネルギーを構造物本体の塑性変形によりエネルギーを吸収させる靭性型建物（弾塑性設計法）およびエネルギー吸収装置（粘性および履歴減衰利用型）を構造本体に組込んだ制振構造建物がある。極めて稀に発生する大地震動時に、耐震構造では建物の倒壊防止や人命保護が目標であり、構造体の損傷により地震エネルギーを吸収するいわゆる2次設計が行われている。
一方、免震構造では、主として地震エネルギーを吸収するのは免震部材であり、大地震時にも上部構造体にほとんど損傷を生じさせない設計が可能である。免震構造では、免震部材の性能が建物の地震時安全性に大きく関わるが、その性能については、実大破壊実験等による最終破壊状況が確認でき、十分な安全率が見込まれた設計がなされる。

・柱頭免震（installing isolator on top of column）
免震部材を柱頭部に設置することで免震層を構成せずに建物を免震化する構法。狭隘な敷地での免震建築の実現や免震レトロフィットにおいて採用される場合が多い。免震部材を含む柱として耐火性能が要求されるため、各種免震部材では耐火構造認定を取得している耐火被覆材を適用するか、建物全体の耐火性能を検証し、大臣認定を取得する必要がある。

・長周期地震動
（long/period earthquake ground motion）
比較的規模の大きな地震で生じる、ゆっくりとした揺れが長く続く地震動。1985年メキシコ地

震において観測され、日本では2003年十勝沖地震において震源から200km以上離れた苫小牧市内の石油タンクが被害を受け火災が発生したことにより広く認知された。その後2004年新潟県中越地震、2011年東北地方太平洋沖地震において東京都内の高層建物の大きな揺れによる被害が発生した。

気象庁では防災の観点より周期1.5〜8.0秒の長周期地震動を観測対象とし、高層建物の揺れの大きさの指標として長周期地震動階級を導入した。

免震建築の建設地によっては長周期地震動の作用を受けた場合に長時間の繰り返し変形を生じ、吸収エネルギー量が増大することにより免震部材の特性が変化する可能性を考慮する必要がある。

・塔状比

（aspect ratio/ ratio of the height of a building to its width）

一般には、対象とする建物の軒高を建物の幅（建物平面の短辺長さ）で除したものを「塔状比（アスペクト比）」と呼ぶ。免震構造においてはその性質上、免震部材から最上階の構造体までの高さを、平面上最外部に配置された免震部材間の短辺距離（芯々距離）で除して求められる。塔状比が大きくなると免震部材に働く変動軸力が大きくなり、部材に引張りが発生しやすくなることからあまり好ましくなく、また免震構造に適した上部構造の剛体変形よりも曲げ変形が卓越してくるが、免震層の水平剛性や免震部材の配置を適切に設定することにより、搭状比の大きな建物への適用も十分可能になる。

・特定天井（specific ceiling）

2011年東北地方太平洋沖地震において吊り天井の落下などの被害が多発したことから、2014年に改正された建築基準法の施行令で「日常的に人が利用する場所の高さ6m超、面積200m²超、質量2kg/m²超の吊り天井」を特定天井として定義し、脱落や落下防止の技術的基準が定められた。

改正施行後の新築建物だけでなく、既存建物においても一定規模以上の増改築を行う場合には、落下防止措置を設けるように定められている。

な行

・鉛ダンパー（lead damper）

鉛の大変形域での繰返し塑性変形能力が極めて高い性質を利用するものである。復元力特性は矩形に近い形状となり、大きな減衰性能を持つ。

・鉛プラグ入り積層ゴム支承

（elastomeric isolator with lead plug / lead rubber bearing）

天然ゴム系積層ゴム支承内部に円筒状の鉛プラグを封縅した積層ゴム。積層ゴムの変形と同時に内部の鉛が塑性変形し減衰効果を発揮するので、この支承を用いる場合、ダンパーを組合わせなくてもよい。

・2次形状係数（secondary-shape factor（S2））

2次形状係数S_2はゴムの直径Dとゴム総高さhを用いて次式で表され、積層ゴム形状の偏平性を示す尺度となる。

$$S_2 = D/h$$

2次形状係数は積層ゴムの水平剛性の鉛直荷重依存性や変形性能と大きく関係し、2次形状係数が大きくなると水平剛性の鉛直荷重依存性が小さく、大変形時にも相対的に安定した復元性能が得られるようになる。

・粘性型ダンパー（viscous damper）

高粘性材料のせん断抵抗力を利用して、水平平面内の任意方向の大変形に対して追随して

振動を制御する型と制震壁等のように鉛直平面内の1方向の大変形に対して振動を制御する型のダンパーがある。せん断抵抗力の発生の機構は、粘性体のせん断変形に伴う抵抗力を利用するもので、粘性体と金属板の隙間と面積の大きさの調整によって行っている。

は行

・ハードニング（hardening）
一般にゴム材料の応力—ひずみ特性は低ひずみ領域ではソフトスプリング特性を示し、200〜300%領域からひずみの増加に伴い急激に応力が増加する逆S特性を示す。この急激に応力が増加する現象をハードニング現象と称し、積層ゴムにおいてもあるせん断ひずみ領域から急激にハードニングが起こり、やがて破断に至る。ハードニングの程度はゴム材料の特性および2次形状係数に影響され、ゴム材料が硬いほど、また2次形状係数が大きいほどハードニングを起こしやすい。
＝ひずみ硬化↔ソフトニング

・被覆ゴム（circumference rubber-cover）
積層ゴムの内部ゴムや内部鋼板等を長期にわたって酸素、オゾン、紫外線、水等から保護するために、積層ゴム側面に形成したゴム層をいう。被覆ゴムは耐候性に優れた合成ゴムが用いられる場合が多く、その厚みは10mm程度が一般的になっている。
＝保護ゴム、外皮ゴム↔内部ゴム

・復元力特性
（restoring force characteristic / force-deformation characteristic）
骨組や部材の荷重履歴と変形履歴の関係、または材料の応力履歴とひずみ履歴の関係をいう。骨格曲線（スケルトンカーブ）と履歴特性（ヒステリシスルール）の組合せで表現され、構造解析においては、これらをモデル化して用

いる。構造種別や構造形式に応じて、Normal-Bi-Linear、Degrading-Tri-Linear、Ramberg-Osgood等の復元力モデルが用いられる。鉛プラグ入り積層ゴム支承、高減衰型積層ゴム支承等の免震部材については、修正Bi-Linearモデル等が提案されている。
免震構造においては、免震層の復元力特性が全体の応答を支配するため、免震部材のモデル化には、エネルギー吸収能力を過大評価しないこと、過度な単純化により実際の復元力特性との乖離が生じないこと等、適切な配慮が必要である。

・ベースプレート（base plate for isolator）
アイソレータを上部、下部構造に、ボルトで締め付け固定する台プレート。

・別置き試験体（bearing specimen for aging）
免震建築に使用される積層ゴム支承の耐久性を評価する目的で、設置された積層ゴム支承の近くに実大または縮小サイズの同種の積層ゴムを放置し、積層ゴムの性能変化を経年的に追跡するための試験体。仮に別置き試験体が予想した以上の性能変化を示した場合には、実敷設の積層ゴム支承を交換する等の何らかの処置を行うことを検討するための試験体で、維持管理の一環として扱われている。

・偏心（eccentricity）
剛心と重心・図心と作用軸のような関係の間に生じている隔たりをいう。偏心があることにより、本来の応力のほかにねじれモーメントによる2次応力が作用する。免震構造の設計では、免震層の偏心（柱軸力とアイソレータ配置のアンバランスにより生じる）により地震時に生じる外周側のアイソレータに対する付加的変形量が、設計のクライテリアを満足しているかを確認したり、アイソレータの接続部分において柱

軸力位置と水平荷重作用時のアイソレータ軸力中心との違いにより生じる偏心曲げモーメントの発生に対して、取り付く躯体が健全であるかを検討している。

ま行

・摩擦ダンパー（friction damper）

履歴型ダンパーの一つで、2面間の固体摩擦を利用する。皿ばね等のばね力等で面圧を調節し摩擦力を制御するように工夫されているのが一般的である。

・面圧（bearing stress）

積層ゴム支承等のアイソレータに作用する軸力（鉛直荷重）を受圧面積で除した鉛直方向の平均圧縮応力度のこと。

上部構造の設計軸力を受圧面積で除したものを設計面圧と呼ぶ。製品検査時は、すべての条件について試験することは困難なので、一般的には一定条件で性能検査を実施する。検査条件は工事監理者の指示を受け、製作・検査要領書に明記されなければならない。

・面圧依存性（stress dependency）

積層ゴム支承に作用する軸力（鉛直荷重）を受圧面積で除した鉛直方向の応力度を面圧といい、積層ゴム支承の鉛直特性および水平特性において、面圧の大きさによって剛性や減衰が変化する度合いをいう。一般的に面圧が大きくなると鉛直剛性は上昇し、水平剛性は低下する傾向を示す。＝鉛直荷重依存性、軸力依存性

・免震構造

（seismically isolated structure/ structure with seismic isolation）

建物の基礎部分等に積層ゴム支承またはすべり支承・ダンパー（減衰器）等を用いて免震層を形成し地震による揺れの大部分をこの層で吸収し上部構造の揺れを抑える構造。

・免震周期

（natural period of seismically isolated structure）

ダンパーの剛性を無視し積層ゴム支承の剛性のみを考慮し、上部構造が剛体と仮定したときの建物の1次固有周期（T_f）をいう。積層ゴム支承の水平剛性の合計K_fと建物地震時荷重Wを用いて次式で求められる。

$$T_f = 2\pi\sqrt{(W/(K_f \cdot g))}$$

・免震部材（seismic isolation device）

免震構造において、アイソレータやダンパー等の免震機構に関与するものを免震部材という。アイソレータには、積層ゴム支承・すべり支承があり、ダンパーには、鉛ダンパー・鋼棒ダンパー等の別置型と、高減衰ゴム支承のように積層ゴム支承自体に減衰機能があるものもある。

ら行

・ライフサイクルコスト（life cycle cost）

建物にかかる生涯コストのことをライフサイクルコストという。建物の企画・設計に始まり、竣工、運用を経て、寿命がきて解体処分するまでを建物の生涯と定義して、その全期間に要する費用を意味する。

ライフサイクルコストは、初期建設費であるイニシャルコストと、エネルギー費、保全費、改修・更新費などのランニングコストにより構成される。

・ランニングコスト（running cost）

建物の設備機器やシステムの管理を維持していくのに必要な費用。具体的には、水道代や電気代、冷暖房、メンテナンス費用などを含む。免震建物の場合、免震性能維持のために、通常の建物の維持管理費に加えて、免震建物としての点検・検査を実施する必要があり、その費用もランニングコストに含まれる。

＝運用コスト/維持費

・履歴型ダンパー（hysteretic damper）

　材料の塑性変形や摩擦を利用し、変形履歴に伴うエネルギー消費によって減衰性能を得るもの。鋼材ダンパー、鉛材ダンパー、摩擦ダンパー等が実用化されている。

・レトロフィット
（retrofit /retrofit with seismic isolation system）

　建築構造の分野では[耐震補強]を云い、既存建物の耐震性を改善することを指す。免震構造を用いて改修することを「免震レトロフィット」と呼んでいる。免震構造は地震によりもたらされる入力エネルギーを免震層で大半を受け止め、上部構造にはエネルギーをほとんど伝えない構造であるため、既存建物の耐震対策として免震構造を採用することがある。基礎部分または地下部分に免震層を新設する以外は、上部構造に大幅な補強工事をせずにすむ場合が多い。

付録 2　免震建築年表

年代	歴史事項	国	特徴・主な被害地震
1889	世界初の免震鉄道橋	AU	ゴムパッドを用いた鉄骨高架橋支承
1891		JP	濃尾地震 M8.0
1906		US	サンフランシスコ地震 M8.3
1909	絶縁基礎工法	GB	基礎に滑石（雲母）層を用いた絶縁機構
1914	家屋耐震構造論	JP	佐野利器:「震度」の概念の提案
1919	市街地建築物法の公布	JP	固定荷重と動荷重、許容応力度の概念
1923		JP	関東地震 M7.9
1924	建築物耐震装置	JP	鬼頭健三郎、山下興家:皿盤とボールベアリング
1924	市街地建築物法の改定	JP	
1928〜1940	「免震基礎」「免震耐風構造法」「建築物免震装置」	JP	岡 隆一:柱脚、柱頭に大小の球面を持つピン柱
1930	柔剛論争	JP	剛)佐野利器、柔)真島健三郎
1933		JP	三陸沖地震 M8.3
1933		US	ロングビーチ地震 M6.4
1934	不動貯金銀行姫路支店	JP	免震柱が採用された建物　岡隆一
1934	耐震家屋構造	JP	真島健三郎:Soft-first-story
1935	アメリカ地震工学会	US	R.R.Martel, N.B.Green, L.S.Jacobsen
1935		TW	台中地震 M7.1
1940	EL Centro変電所の記録観測（EL CENTRO波）	US	インペリアルバレー地震M7.1
1944		JP	東南海地震 M7.9
1945		JP	南海地震 M8.1
1948		JP	福井地震 M7.1
1950	建築基準法施行	JP	
1952	TAFT地震記録観測（TAFT波）	US	カーンカウンティ地震 M7.3
1956	Pelham-Bridge	GB	橋梁天然ゴム系積層ゴム（防振と伸縮吸収）
1957	原子炉の制震構造の試案	JP	小堀鐸二両端ピンの柱と水平復元ばね
1959	ゴム板の圧縮試験	GB	A.N.Gent, P.B.Lindley:ゴムブロックの弾性率
1960	鎌倉大仏免震レトロ	JP	
1960		CL	チリ地震 M8.3
1961	東北本線鬼怒川橋梁	JP	日本最古橋梁積層ゴム（合成ゴム）
1963	31m高さ制限の廃止	JP	容積率の制限
1964		JP	新潟地震 M7.5
1965	解析による免震構造の効果の研究	NZ	和泉正哲、松下清夫ロッキングボールによる免震基礎
1965	Albany Court House	GB	C. J. Delham:積層ゴム支承
1966	15年間のクリープ量の計測報告	GB	C. J. Delham
1968	霞ヶ関ビル完成	JP	
1968	八戸港湾事務所の記録観測（HACHINOHE波）	JP	十勝沖地震 M7.9
1969	Pestalozzi小学校	MK	A.Roth:ゴム層を重ね合わせたベアリング

年代	歴史事項	国	特徴・主な被害地震
1970	多層構造物の免震研究	US	M.S.Capes：ボールベアリング＋ネオプレーンゴム
	接着ゴム板の圧縮、曲げとせん断	GB	A.N.Gent：内部応力分布と応力関数の研究
1971		US	San Fernando地震M6.4
1972	ハイライズ事務所ビル	GR	A. S. Ikonomou：橋梁用ベアリングを適用
1976	積層ゴム支承開発	GB	C.J.Derham
		CN	唐山地震M7.8
	4層鉄骨構造建物地震模擬振動実験	US	M.S.Skinner、J.M.Kelly（EERC）
	被覆ゴム付き積層ゴムの耐火性能試験	GB	C.J.Derham
		GT	グァテマラ地震M7.5
	国会棟（4層RC造）動的解析	NZ	L.M.Megget、R.I.Skinner
1977	免震構造を提案	FR	G.C.Delfosse
	Lambesc 小学校	FR	G.C.Delfosse：積層ゴム免震
	天然ゴムを用いた積層ゴムの実験	MY	P.B.Lindley
	フェイルセーフ装置をつけた地震模擬振動実験	US	J.M.Kelly, R.I.Skinner
1978	丸鋼棒を用いたテナシアウス免震システム	NZ	曲率を有する鋼棒を用いたダンパー機構
	天然ゴムを用いた設計	GB	P.B.Lindley：天然ゴム基本物性
		JP	伊豆大島近海地震M7.0
		JP	宮城県沖地震 M7.4
1980	積層ゴムの性能試験と振動模型試験	JP	多田英之、高山峯夫
1981	新耐震設計基準施行	JP	
	William Clayton Bldg.建設	NZ	B.Robinson：鉛プラグ入積層ゴムの適用
	Natural Rubber Structural Bearings	GB	P.B.Lindley：積層状ゴムばねの特性
1983	八千代台住宅	JP	山口,多田,高山ほか日本初積層ゴム免震
	超高層ビルの制震化	JP	鋼製ダンパーを用いた制震構造
		JP	日本海中部地震 M7.7
1984	Cruas NPP	FR	CR系積層ゴム支承
	Koeberk NPP	ZA	鉛積層ゴム支承
	RC造2階免震建物振動試験	JP	
1985	免震構造評定開始	JP	日本建築センター
	Foothill Community Law & Justice Center	US	HDR：J. M. Kelly
		MX	メキシコ地震M8.1
1987	免震建物の地震観測	JP	東北大学研究棟、免震効果の確認
1989	免震構造設計指針	JP	日本建築学会
		US	ロマ・プリータ地震M7.1
1990		PH	ルソン島地震M7.8
1991	イタリア免震構造協会 GLIS の設立	IT	GLIS：Gruppodi Lavoro Isolamento Sismico

年代	歴史事項	国	特徴・主な被害地震
1993	日本免震構造協会発足	JP	
	免震構造設計指針改訂	JP	
		JP	釧路沖地震 M7.8
		JP	北海道南西沖地震 M7.8
1994	USC病院（設計：Sherwin Small）の免震効果確認	US	ノースリッジ地震 M6.8
1995	国内の免震・制振構造の効果確認	JP	兵庫県南部地震 M7.3
	耐震改修促進法の施行	JP	
1996	官庁施設の総合耐震計画基準公布	JP	
1998	性能設計の導入	JP	建設省、建築学会
		JP	山陰地震 M7.3
		TW	集集大地震M7.6
2000	「JSSI免震建築物」一般認定取得	JP	応答スペクトル法による免震構造の設計、施工・維持管理方法について建設大臣認定を取得
	告示第2009号施行	JP	免震建築物の構造方法に関する 安全上必要な技術的基準
	告示第2010号施行	JP	免震材料の技術的基準の認定
	住宅性能表示制度施行	JP	住宅性能の表示化
	台湾中華建築隔震消能構造協会設立	TW	
		JP	鳥取県西部地震 M7.3
2003		JP	十勝沖地震 M8.0
2004		JP	新潟県中越地震 M6.8
		ID	スマトラ島沖地震 M9.1
2005		JP	福岡県西方沖地震 M7.0
2007		JP	能登半島地震 M6.9
		JP	新潟県中越沖地震 M6.8
2008		CN	四川大地震M7.9
		JP	岩手・宮城内陸地震M7.2
2011	免震・制振構造の効果確認長周期地震動の対策	JP	東北地方太平洋沖地震 M9.0
		NZ	ニュージーランド地震 M6.1
2012		JP	中国北西部地震 M6.6
2016		JP	熊本地震M7.3
2017	イタリア免震構造協会解散	IT	
2018	トルコ国免震構造設計基準	TR	
		JP	北海道胆振東部地震M6.7
2022		JP	福島県沖地震M7.4
2023		TR	トルコ・シリア地震M7.8
		MA	モロッコ地震M6.8

付録 3　免震関連企業リスト

積層ゴムアイソレータ

会社名	担当部署	製品類※
オイレス工業株式会社	免制震事業部　建築営業部	NRB, LRB
倉敷化工株式会社	産業機器事業部　営業課	NRB
SWCC株式会社	電力・インフラ営業部　免震営業課	NRB
住友金属鉱山シポレックス株式会社	免制震材料部	SDNR, TRB
TOYO TIRE株式会社	免震ゴムお客様窓口	NRB, HDR
ニッタ株式会社	工業資材事業部　製造2部ゴム成形品製造課	NRB, LRB, HDR
日鉄エンジニアリング株式会社	都市インフラセンター　鋼構造営業部 免制震デバイス営業室	SDNR
株式会社ブリヂストン	建築ソリューション事業企画部 免制震事業企画課	NRB, LRB, HDR
株式会社免制震デバイス	営業部	NRB, LRB, TRB

※NRB：天然ゴム系、LRB：鉛プラグ入り、HDR：高減衰ゴム系、SDNR：鋼材ダンパー付天然ゴム系、TRB：錫プラグ入り

すべり系支承

会社名	担当部署	製品類※
オイレス工業株式会社	免制震事業部　建築営業部	ESL, CSL
株式会社川金コアテック	営業本部　建築営業部	SL
SWCC株式会社	電力・インフラ営業部　免震営業課	ESL
住友金属鉱山シポレックス株式会社	免制震材料部	CSL
株式会社ダイナミックデザイン		SLR
東京ファブリック工業株式会社	東京支店	ESL
TOYO TIRE株式会社	免震ゴムお客様窓口	ESL
日鉄エンジニアリング株式会社	都市インフラセンター　鋼構造営業部 免制震デバイス営業室	CSL
日本ピラー工業株式会社	営業本部　営業3部	ESL, SL
株式会社ビーテクノシステム	建築事業部	SL
株式会社ビー・ビー・エム	営業本部	ESL
株式会社ブリヂストン	建築ソリューション事業企画部 免制震事業企画課	ESL
株式会社免制震デバイス	営業部	ESL

※ESL：弾性すべり、SL：平面すべり、CSL：球面すべり、SLR：回転機構付すべり

転がり系支承

会社名	担当部署	製品類※
株式会社エーエス	営業本部　免制振営業部	CRB
THK株式会社	ACE事業部	RRB
株式会社免制震デバイス	営業部	FRB, RBB

※FRB：平面、CRB：曲面、RRB：レール式

ダンパー

会社名	担当部署	製品類※
株式会社大林組		FD
KYB株式会社	お客様ご相談窓口	O
株式会社川金コアテック	営業本部　建築営業部	O
ゲルブ・ジャパン株式会社	技術営業部	V
三和テッキ株式会社	第2事業部	S
住友金属鉱山シポレックス株式会社	免制震材料部	ST, LD
THK株式会社	ACE事業部	S
日鉄エンジニアリング株式会社	都市インフラセンター　鋼構造営業部 免制震デバイス営業室	ST
株式会社コンステック	技術本部	S
株式会社免制震ディバイス	営業部	S

※O：作動油、S：シリコン、V：粘性、FD：摩擦皿ばね、ST：鋼材、LD：鉛

配管可撓継手

会社名	担当部署
倉敷化工株式会社	産業機器事業部　営業課
株式会社水研	営業統括部
ゼンシン株式会社	開発部
株式会社TOZEN	事業本部

エキスパンションジョイント

会社名	担当部署
井上商事株式会社	開発部
株式会社エービーシー商会	アルウィトラ・シーリング販売推進部
カネソウ株式会社	事業推進部開発課
株式会社新高製作所	営業部
株式会社パラキャップ社	新技術広報局

ベースプレート

会社名	担当部署
株式会社大谷工業	営業第三グループ
岡部株式会社	本社営業部　営業支援グループ
株式会社ダイトー	
株式会社辻鉄商工	
普代産業株式会社	免震事業本部

耐火被覆

会社名	担当部署
エーアンドエー工事株式会社	本社営業部
サス・サンワ株式会社	本社　CS事業部
日本インシュレーション株式会社	関東支社

観測装置

会社名	担当部署	
株式会社川金コアテック	営業本部　建築営業部	IoTセンサー式計測システム
株式会社クオリティ・ジャパン	本社　計測技術グループ	感圧式変位記録装置
日本工業検査株式会社	社会インフラ部	感圧式変位記録装置
株式会社マテリアルリサーチ	本社	けがき式変位計
株式会社免震テクノサービス	お客様相談窓口	変位記録装置

戸建て免震関連企業

会社名	担当部署
株式会社一条工務店	管理センター　免震住宅推進部
岡部株式会社	営業部　戸建部材販売グループ
大和ハウス工業株式会社	総合技術研究所
オイレス工業株式会社	免制震事業部　営業部

点検業務関連企業

会社名	担当部署
株式会社アイソテクノサポート	免震検査事業部
麻生商事株式会社	営業推進部
株式会社アルモ	免震工事部
株式会社インテック	構造・耐震診断グループ
株式会社イーステック	営業部
株式会社オーテック	営業部
鹿島建物総合管理株式会社	建物管理本部　技術部　建築構造支援室
有限会社関技	営業部
株式会社クオリティ・ジャパン	本社　計測技術グループ
鴻池ビルテクノ株式会社	建築部
株式会社ジャスト	本社　営業第二部
株式会社ジャスト西日本	試験検査部　調査診断部
スターツCAM株式会社	技術部
デザイン工房 雅	免震建物点検部
日本工業検査株式会社	社会インフラ部
日本マーツ株式会社	第三営業部　免震グループ
株式会社日本メディカルプロパティマネジメント	ファシリティ事業部
ブリヂストン化工品ジャパン株式会社	免震首都圏営業部
株式会社松村組	建築本部
株式会社マテリアルリサーチ	首都圏営業部
明友エアマチック株式会社	免制震事業部
株式会社免震テクノサービス	営業部
株式会社ライフニックス	営業部

索引

正誤表が発生した場合は、ホームページに掲載いたしますので、
下記アドレス /QR コードよりご確認ください。
https://www.jssi.or.jp/publication

「わかる！免震建築」
-ここから広がる安全・安心-

2024 年 2 月 29 日　第 1 版第 1 刷発行

編集・発行

一般社団法人 日本免震構造協会

150-0001 東京都渋谷区神宮前 2-3-18　JIA 館 2 階
電話：03-5775-5432　FAX：03-5775-5434

印刷

株式会社大應

〒 101-0047 東京都千代田区内神田 1-7-5

ISBN978-4-909458-27-8 C3052\3000E　　© 一般社団法人 日本免震構造協会 2023